U0067373

一週教育論壇系列叢書之一

Weekly Forum on Education Series I

九年一貫課程：觀點與解讀

Grade 1-9 Curriculum:
Perspectives and Interpretations

潘慧玲　主編

心理出版社

主編序

　　本書是《一週教育論壇系列叢書》之一，該系列叢書集結了我自二〇〇二年至今主持教育廣播電台「一週教育論壇」節目的內容。這份主持工作，自二〇〇二年接手至今，一晃眼已三年多，對我而言，是一項新的嘗試，也讓自己原本已經忙碌的生活，憑添幾分匆忙，尤其過去幾年還身兼台灣師範大學教育研究中心的主任！然而，能夠推廣新知、能夠接觸到不同的人、能夠從不同視角觀看事情，這樣的廣播經驗，確是令人難以忘情，因此，額外的工作承載有時也成了甜蜜的負擔。

　　在主持節目的過程中，本乎自己一向秉持的「盡其在我」之信念，常思考節目如何因應環境的變遷以及收聽者的需求而發揮更大的效能。於是，節目的定位、確認主要的收聽群眾，便成為首要之務。每一集節目主題的找尋，均以教育時論與教育改革為主軸。三年多來所談過之主題，涵蓋範圍甚廣，包括法令修訂與制度革新、教育領導與評鑑、各級學校教育、九年一貫課程、教學與評量、性別與族群、學校革新、教師專業發展、以及各類議題教育（如藝術教育、生命教育、人權教育等）。

　　為使所談過的主題更具系統性地呈現於讀者面前，一方面讓收聽過節目的聽眾，有經過整理而可以參照的紙本，另一方面讓未收聽過節目的讀者，也能透過書籍的閱讀，分享教育新知，乃將相關主題之節目內容彙整成冊。此外，為提升本系列叢書的可讀性，許多原來在廣播節目中的口語表達，均作了文字修潤；為讓文章的重點得以清楚凸顯，每集內容也都畫龍點睛地下了標題；甚至為使原本節目所談內容能即時更新並作理解之延伸，有些則以「編輯小語」進行補充。

本書《九年一貫課程：觀點與解讀》之出版主要著眼於民國九十學年度起，國小及國中陸續推動九年一貫課程，這是一項涉及多面向的深層改革，為歷年所罕見。有鑑於九年一貫課程政策之落實，有賴於教育現場能充分掌握與捕捉其精神與要義，並能解決過程中所產生的爭議與問題，本書乃希冀透過督學、校長、教師以及家長的角度，提供不同視野，共為當前九年一貫課程改革的成效把脈，並謀求因應之道。另本書也邀集各學習領域的專家學者，探討九年一貫課程綱要內容與能力指標之解讀與轉化。

每一本書的完成，總是涉及許多人的努力與投入。對於本系列叢書的順利出版，首先要感謝教育廣播電台陳克允台長邀請我主持節目，電台同仁林武英小姐、呂雪小姐盡責地製播節目，以及參與廣播節目的所有來賓，他們毫不吝嗇地貢獻了自己寶貴的智慧與經驗。其次，本系列叢書之能完成，台灣師範大學教育系博士班學生洪瑞璇小姐功不可沒，這一、兩年來，她孜孜不倦地為本系列叢書作編輯，全書之能綱舉目張，都要歸功於她。另者，我的專任助理王名騄小姐、台灣師範大學教育政策與行政研究所碩士班學生王淑芬小姐、台灣師範大學教育系碩士班學生鍾嘉純小姐及台灣師範大學教育系學生李金薇小姐，為了書籍之排版、校對，均花費甚多之心力；台灣師範大學教育系博士班學生陳鏗任先生為書籍所做的美工編輯；以及幫忙轉錄廣播節目逐字稿的同學們，都是我在此要一併致謝的。最後，感謝心理出版社協助本系列叢書之相關印製事宜，誠摯期盼本系列叢書之出版，能夠激盪更多的教育思考與論辯，也期盼方家不吝惠予指正。

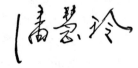

2005 年夏寫於聖地牙哥

主持人、與談人簡介

主持人

姓　名	主　持　論　壇　時　職　稱
潘慧玲	國立台灣師範大學教育學系教授兼教育研究中心主任

與談人

姓　名	參　加　論　壇　時　職　稱	與　談　主　題
張素貞	台北縣聘任督學	
		九年一貫課程改革之督學觀點（上）
		九年一貫課程改革之督學觀點（下）
余霖	台北市立大直高中校長	
		九年一貫課程改革之校長觀點（上）
		九年一貫課程改革之校長觀點（下）
朱逸華	台北市內湖國中教務主任	
		九年一貫課程改革之教師觀點（上）
		九年一貫課程改革之教師觀點（下）

姓　名	參加論壇時職稱	與談主題
陳新轉	華梵大學人文教育中心助理教授	
	九年一貫課程社會領域能力指標探討	
陳文典	國立台灣師範大學物理系教授	
	九年一貫課程自然與生活科技領域能力指標探討	
晏涵文	國立台灣師範大學衛生教育系教授兼教育學院院長	
	九年一貫課程健康與體育領域能力指標探討	
呂燕卿	國立新竹師範學院美勞教育系教授	
	九年一貫課程藝術與人文領域能力指標探討	
黃譯瑩	國立政治大學師資培育中心教授	
	九年一貫課程綜合活動領域能力指標探討	

（依文章出現先後排序）

九年一貫課程：觀點與解讀

目錄

✳第一篇　九年一貫課程改革之觀點✳

❋第二篇　九年一貫課程綱要之解讀❋

第一篇：

九年一貫課程

改革之觀點

九年一貫課程改革之督學觀點（上）

主持人：潘慧玲（國立台灣師範大學教育學系教授兼教研中心主任）

與談人：張素貞（台北縣聘任督學）

論壇日期：2002 年 3 月 17 日

☀討論題綱☀

【九年一貫課程改革之督學觀點（上）】

一、前言

二、詮釋九年一貫課程

◆ 十大基本能力、三大軸心、五大課程目標

三、推動九年一貫課程的組織架構──從中央到地方

◆ 北、中、南、東四區推動委員會
◆「課程發展委員會」與「策略聯盟」

四、實際推動時面臨的困難

五、北區與金門的推行經驗

◆ 概況
◆ 督導檢核表──組織、配套措施、特色與規劃
◆ 推行的特色及進度
◆ 督導工作內容──現場督導、輔導問題解決、宣傳理念

六、結語

一、前言

・潘教授

我們回顧一下這幾年的教育改革，可以發現其中一個頗具爭議、而且改變幅度很大、有深遠影響的改革——九年一貫課程。這個課程於九十學年度正式在小學推動，九十一學年度在國中也陸續推動，但是我們聽到有些學校還是不十分瞭解九年一貫課程是什麼。由於九年一貫課程是一個影響非常深遠的教育改革，所以規劃一系列節目與大家談論這個主題。今天，我們先從督學的觀點來談一談不同縣市的作法，特別請到台北縣聘任督學——張素貞督學來到節目。

張督學現在是台北縣的聘任督學，借調到教育部，她同時也是教學創新九年一貫課程教師服務團的輔導員。先請張督學談談您在九年一貫課程改革的相關資歷？

・張督學

我是督學或輔導員其實都不那麼重要，重要的是我與九年一貫課程的淵源。我過去曾經擔任兩任的校長，在台北縣實踐國小任內的最後一年，就接觸到當時要開始試辦的九年一貫課程。台北縣教育局學管課請我從事某些規劃，後來我不想參加校長遴選，所以就回任老師。那時台北縣有一個新的制度，希望幾位課程與教學的督學來擔任課程與教學的視導工作，這個制度是要補足行政督學在課程方面的弱勢，但事實上，這兩者應該是相輔相成的。當我接受這個工作以後，我就擔任台北縣的聘任督學。當時我們有三位校長負責這個工作，在台北縣九大區內，每人負責三區。

・潘教授

台北縣的聘任督學好像是特有的作法，其他縣市較少這麼做吧？

● 張督學

全國目前有八個縣市採取聘任督學的作法，他們請校長來擔任這樣的工作，不過幾乎都請退休的校長；另外，這些退休校長並不支薪，所以是義工性質，而這些義工非常樂意接受教學輔導的工作。真的採取徵選聘任方式的只有台北市、台北縣，其他縣市比較偏向用退休校長來擔任這個工作。

二、詮釋九年一貫課程

● 潘教授

今天請張督學來參與論壇，是因為張督學也擔任教育部推動九年一貫課程的相關輔導工作，所以瞭解很深。九年一貫課程的影響非常大，使課程改變的幅度也很大。怎麼說呢？因為它涉及到教育本質的改變，比如教育目的、教育內容、教育方法上都產生很大的變革；另外，在課程權力下放這部分也跟以前有很大的不同。所以，可否請張督學談談您如何詮釋九年一貫課程的改革？

◆ 十大基本能力、三大軸心、五大課程目標

● 張督學

民國五十七年就有所謂的「學制九年一貫」，而這次的九年一貫是指新課程，所以大家很擔心這會跟五十七年的九年一貫搞混。我記得在當校長時，家長還十分擔心九年一貫的意思就是小孩子要唸九年的小學。

● 潘教授

還有人會誤解？

• 張督學

對，那是剛推出的時候。但這個「九年一貫」是以學生為中心的課程設計，以學生的發展歷程設計九年的課程，所以它強調在發展的九年裡，學生要學到十大基本能力。有人說十大基本能力不是「最基礎」的，而是「最關鍵」、「最核心」的東西；有人對這個基本能力是不是可以作為適應未來社會的關鍵能力做過評估；也有人說這一波的改革是學「能力」的改革，而不是學「知識」的改革，但我相信知識也是一種能力，所以應該以知識為基礎，而學到能力；還有人會將「能力」與「學力」混在一起。我查過許多文獻，也請教過專家，「能力」與「學力」到底有什麼差別？有人說「學習獲得的能力就叫學力」，也有人說學力是學到的知識，能夠內化而後展現到生活上的，就叫能力。所以這波九年一貫課程如果要簡短來談，就是被界定為：在九年內要學到十大基本能力；這十大能力又以三個面向為軸心，一個是人與自己，一個是人與自然，一個是人與社會；而最重要的是要達到五項課程目標，我們得培養出具有人本情懷、民主素養、統整能力、本土化國際觀、還有終身學習的孩子。很明顯地，我們是以未來的生活、未來的適應、未來的發展來規劃孩子的教育。

• 潘教授

剛剛張督學特別彰顯這次改革裡的十大基本能力所強調的不是知識上的學習，而是帶得走的能力。在九年一貫課程改革討論的過程裡引起很多的爭議，雖然現在已不是停留在論辯階段，而得要開始往前推動，但是許多議題仍是未解。譬如，十大基本能力是如何得來的？是襲自別的國家？還是我們自己覺得重要才推出來的？另外，還有十大基本能力與後面的「能力指標」之間的連貫性問題，前面的基本能力與後面的能力指標，其所指的能力是不是有相同的意涵？我認為這

是在推動過程中必須好好思考的。再者，「能力」研擬只是課程中的一個面向，另一個面向是面對未來九年一貫課程的推動，政府如何構設整個組織結構？從中央到地方怎麼推動？這點請張督學說明。

三、推動九年一貫課程的組織架構——從中央到地方

◆ 北、中、南、東四區推動委員會

・張督學

有人說過兩個笑話，第一個是現在文具行的影印業很賺錢，因為大家都在印學習單；另外是很多人加班，便當業也賺了不少錢，可以促進經濟發展。這兩個笑話說明的是有很多人投入這個工作，但也蠻多人憂心這麼積極地投入是不是一種過度的耗費？不過，我認為越多人關心就可以設想更好的制度，這是最重要的。

政府在台灣地區成立北、中、南、東四個「推動委員會」，又分國小組與國中組。這四區各由當地一所大專院校負責，比如，國中組北區由台灣師範大學擔綱；國小組南區由台南師院擔綱。當初的架構是依照地區分野，由各縣市政府組成推動委員會，其實各縣市政府在我們透過公文要求、訪視的情況下都成立了委員會，只是運作情況得看各自情形。

◆「課程發展委員會」與「策略聯盟」

・張督學

到了學校層級，就有所謂的「課程發展委員會」，由學校自己組織。而小型學校我們也希望它們以聯合的方式組織起來，因為小型學校沒有幾個老師，每個老師要負責一個領域，又要負責審議課程，我想這是忙不來的。所以小型學校就會展開區域聯盟、策略聯盟的組

織。比方台北縣最有名的是東北角某些學校組成的「東北角策略聯盟」、「海山策略聯盟」——這些名字是他們取的。策略聯盟的形成有時候是根據地區、有時根據幾個校長的志同道合。例如「海山策略聯盟」的形成就是因為這幾個校長都是來自於板橋的海山地區，由於他們都在那個區域，所以不管上班或是下班都可以聚在一起研討。

從中央到地方，我們曾經做過許多努力。而在努力的過程中，教育部及許多推動委員會均一起付出。比如，課程審議委員會，像修訂大綱、或是決定課程組織都是透過這個委員會；另外還有兩性教育委員會、環境教育委員會，這些原來就是教育部的委員會，只不過九年一貫課程之推動，分享其資源、人力、及知識。

四、實際推動時面臨的困難

・潘教授

您提到過去的推動情形分為北、中、南、東四個地區來推動，不過我們也常聽到某些學校說他們不太瞭解九年一貫課程，那麼過去推動時實際上做過什麼事？小學的部分他們已經實施了一學期，所以沒有問題，但是國中的部分還是有些人沒有動起來，還是不太瞭解九年一貫課程。所以請您簡略談談過去負責推動的架構是什麼？

・張督學

剛剛潘教授說國小已經上路了，但是國中部分起步較慢，這是因為當初試辦時有很多國小主動參與試辦，國中卻是各縣市政府自己指定。

國中有很多老師向我反應，現在強調教學能力，教材又是審定本，也就是所謂的一綱多本，他們很擔心沒有統一的教材內容，而無

法考試。他們有自己擔心的事情，他們不擔心現況，而是擔心未來的升學；他們也擔心一件事，就是若我們推動這項政策，不知道師範院校對我們的支持度如何？我去現場看時，老師告訴我，他們都是在極度分科下培育出來的，現在突然要他們領域教學，不知我們的理論基礎何在？甚至於他們覺得知識結構都被我們破壞了。類似的問題在國小試辦過程時比較少發生，當初成立試辦委員會或課程推動委員會主要是輔導試辦學校，但全面實行之後，有些負責的教授與校長便發現這樣不行，於是到了下半學期便要試辦的學校再去認養非試辦學校（因為試辦學校拿到經費，應該有義務幫忙其他學校，所以我們當時曾經要試辦學校再去認養非試辦學校）。

還有，有些老師認為教育改革是教育部自己要改的，認為那是上面要求要辦，故無意願配合。所以如何激勵、引導老師改變觀念，來思考現在國中、國小的孩子在十五年後是社會的中堅份子時，他們要有什麼樣的能力？扮演什麼樣的角色？要如何跟別人競爭？這個轉變過程必須透過一些說服與觀念的釐清，才能打動他們的心。在推動時，對每個老師而言也都不一樣，他們甚至考慮到升學、師資，還有自編教材的壓力等等。所以，當時推動的確受到一些影響。

五、北區與金門的推行經驗

◆ 概況

· 潘教授

剛剛張督學提到試辦九年一貫課程的國中比較少，所以也難怪他們比較不瞭解九年一貫課程的意涵。不過在一學期之後馬上就得上路了，我們要請教張督學，就您負責的區域來說明各縣市目前推動的情

況如何？

• 張督學

目前我們有五位借調的輔導員，都來自於地方的督學或校長。我分到的區域是北區六縣市，有基隆市、台北縣、台北市、桃園縣、新竹市、新竹縣，另因離島沒人要去，所以把金門縣也劃給我。首先，我先瞭解教育部所作的「督導檢核表」，從十二月到八月列出我要作的事情。我發現各縣市比去年的推動情形要好，因為他們成立了「推動委員會」，而且真的有運作。既然運作，我就會去看看他們的紀錄，開了什麼會？會議的重點是什麼？我也發現很多縣市會把督學引進來，比如台北縣市有所謂的「策略聯盟」，每個策略聯盟都聘請一位督學，這個督學就是他們的視導系統。督學的角色本來就是負責督導、視察、輔導等較為多元的角色，甚至重要的是能夠去瞭解現況，並且透過行政力量來督促，但我還是比較強調輔導的部分。

• 潘教授

重點來說，您提到了「督導檢核表」，還有五位聘任的輔導員，去督導全省各地區──有四大區域（東區因為地形狹長，所以有兩位）。那麼在督導檢核表中主要視察的項目有哪些？

◆ 督導檢核表──組織、配套措施、特色與規劃

• 張督學

第一個是組織運作，第二個是配套措施。所謂的「配套措施」包括評量、教科書的評選規準、作息時間的研討，因為將來推動「本位」，各縣市很可能會有自己的作息時間，另外一個配套措施是老師的授課時數。我們要看看這些配套措施有沒有做起來、完成的進度如何。第三個部分是各縣市有沒有特色，除了我們規定的東西之外，有沒有自

己發展的計畫。比如，台北市認為他們的策略聯盟做得很好，甚至強調是所謂的「官民合作」，什麼叫「官民合作」？我們這些校長組成的定期聚會就叫「民」，台北市政府就叫「官」；另外，台北縣的特色就是有聘任督學，聘任督學發揮了課程視導的功能；桃園縣則在教育部還沒有做任何研習課程之前，就做了各種研習課程的規劃設計，因為任何教師進修都應該有所規劃；新竹縣的局長親自領軍，帶著所有輔導團的團員去看看各校的推動狀況；新竹市有教師會投入，也有專任的、學課程的督學來推動，他們會去找專門學課程的人，有些是老師借調過來、有些是督學本身就在念課程所的，以他們為主要的角色來推動。我們可以發覺各縣市推動的情形不一樣，而金門因為本身的地理環境，所以學校本位課程設計佔了百分之二十，他們用地區性的素材讓各校做專題研究，這部分做得相當好。總而言之，我們要看組織、計畫、配套措施與特色。

◆ 推行的特色及進度

• 潘教授

　　台北市、台北縣甚至於其他縣市都有自己的特色，在特色發展裡，不知道您有什麼樣的評論。比如，台北市的「官民合作」，這表示有很多自發性的力量出現；或者台北縣學校有所謂的「策略聯盟」，而教育局再去組織相關的支持性因素。綜括這些，可否就各縣市的特色來談談您的評價，有沒有需要改進的地方？

• 張督學

　　這波改革不管是由上而下，或是由下而上，都該把它定為「上下交融」。上面的政策需要強力的引導，下面也需要回應。所以不該都是教育局規定，讓學校覺得：「教育局，你又來了！」另外，雖然教育局講「本位」，但本位還是需要紀律，並不是自主到沒有紀律。這

些校長是自發性地做改革，但他們有沒有辦法誘導老師也能自發，我認為這是關鍵。我看到那些校長的努力，他們定期聚會而且輪流做東，每學期換一個 leader，在帶動的過程中，讓大家感受到領導者與被領導者其實是不同的。在這一波改革中，幾個策略聯盟的 leader 及學校校長的感受是最深刻的。私下我也想瞭解他們在學校裡怎麼做？他們也希望學校能自發地做。比如，透過教師會，某些自發性組織會提出一些研習規劃；還有大直高中的余霖校長，他們提供老師專業舞台發表的機制做得不錯，其實他們可以把這種官民合作的策略用到學校，由下而上，讓老師提出他們想做的事，校長就負責鼓勵誘發更多的人跟進，這就是我對這件事情的看法。

• **潘教授**

那麼您督導的七個縣市，真正推動的程度如何？

• **張督學**

國小因為已經上路，所以重點放在四年級老師與一年級老師的教師進修，如果這部分做好，國小老師上路會比較快。今（民國九十一）年的重點主要放在國中，各縣市都開始動了。比如，桃園縣先發展教科書的評鑑規準，因為他們認為不一定要自編教材，選擇適切的教科書也可以幫助老師，於是他們做了這方面的突破。國中要上路時我有幾點感觸，首先是組織，也就是校內課發會的運作。他們的教學研究會有沒有整合？我們今年視察的重點，第一個是教科書的評選，第二個是老師有沒有真的進修？我們知道有些縣市已經做到課程備查，比如台北縣已經把整體課程作了備查，但其他縣市還在選教科書，有些縣市到了四月份應該就會試提課程計畫的備查。所以，進度有快有慢，有人在二月就做了、有人在四月，甚至有人認為沒有關係，等教科書出來就不用提了，也不需要試做。

◆ 督導工作內容——現場督導、輔導問題解決、宣傳理念

・潘教授

　　因為您負責北區六縣市以及金門的督導工作。這七個縣市的轄區您多久視導一次呢？

・張督學

　　我們的工作量很多，大約一個月就會實地看一次。另外我們透過e化的設備，比方電話、傳真、e-mail 來傳遞訊息。所以原則上每個月去一次，其他時間利用這些工具保持聯繫，我們有主要承辦人的手機號碼，所以隨時追蹤、瞭解現況。最重要是希望瞭解問題、幫忙解決問題。

・潘教授

　　所以一部份瞭解他們做到什麼程度，一部份也輔導他們解決問題。那麼您督導到現在，不知道是否所有的學校都看過一遍了？

・張督學

　　這個部分是很關鍵的，如果我們真的要瞭解現況的話應該要做到這樣。但是，這是有困難的。比如，國教司網站上有人發表較為嚴重的問題，我便會特別來瞭解，希望他們能將問題說清楚、講明白，而不會壓制他們不能發問，因為若推動教育改革卻不能提問題，這不是我們希望看到的。我們希望透過縣市提問題、或者學校發問，然後我們到現場瞭解。另外，我們還扮演宣導理念的角色，因為除了到現場關心問題之外，我們也會集結附近的學校到現場來，向他們說明九年一貫課程的理念是什麼。我們一定會去召集的學校，各縣市總召集的學校，例如，台北市國高中即余霖校長的學校（大直高中）、國小即國北師實小。這些學校我們會優先去，他們會告知相關的工作是在哪

個學校，然後我們會去那裡看一下。如桃園地區，他會告知要去看慈文國中、瑞原國中，但我們也擔心這只會看到成果比較好的。所以，假如他們向我們凸顯問題，我們也會去瞭解為何做不起來。但目前比較少人用這樣的方式告知要我們去看，所以看到的都還不錯。

• 潘教授

你們等於像教育部的代表到各縣市去督導，其中有沒有組織的脈絡網？比方妳負責的轄區裡，第一個碰到的學校是總召集的學校，那麼如果要瞭解其他學校，是透過召集學校？還是透過其他網絡全面性地瞭解其他學校的情形？

• 張督學

總召集學校不能做所有的工作，雖然他們會掌握資訊，但是其它工作會分配到校群組織，或是策略聯盟。全部的工作，比方行政配套、師資研習規劃、還有所謂的「課程備查」，這些工作也有負責的學校在做。比如，台北縣的忠孝國中作課程備查，全台北縣七十幾所國中的課程計畫要交到那裡備查，我們便可以到那裡來瞭解整體課程規劃的狀況。

• 潘教授

可否再說明何謂「課程備查」？

• 張督學

其實九年一貫課程綱要提到課程的核定權在學校，但縣市政府為了品質而要有備查的機制。備查的工作是由所謂的「學務管理課」，在台北市，是由教育局「二科」或「三科」做這些事。由教育局委託學校來做課程備查，各校要提交他們的課程總體計畫，包括願景、目標、老師的授課、為何決定這些主題、單元的調整、甚至老師的教學

計畫等等。各縣市都有學校在做，國中與國小是分開的，比方，台北市市立師院附小就曾經做過課程備查的工作。所以透過召集、分組，我可以瞭解更細部的成效。方才潘教授講到非常重要的一點，也就是「學務管理課」，我覺得將來各縣市成立一個統一管理窗口非常重要。行政力的介入非常重要，因為這一波改革中，不能把所有權力直接下放到學校，這樣對學生不公平。所以，我覺得教育局應該肩負起課程改革的權力與義務，並詳加規劃。

六、結語

• 潘教授

　　感謝台北縣張素貞張督學來到我們的論壇，談了很多九年一貫課程的概念以及實際推動的方式，使我們獲益良多。下次論壇我們還要再邀請她來談談各縣市學校的推動。

九年一貫課程改革之督學觀點（下）

主持人：潘慧玲（國立台灣師範大學教育學系教授兼教研中心主任）

與談人：張素貞（台北縣聘任督學）

論壇日期：2002 年 3 月 24 日及 31 日

❋討論題綱❋

【九年一貫課程改革之督學觀點（下）】

一、前言

二、全省各地區九年一貫課程改革的準備概況

三、學校推動九年一貫課程的細部情形

◆ 學校本位課程

◆ 協同教學

◆ 多元評量

◆ 教師的彰權益能

◆ 行政人員進修研習——校長、儲備校長、未來校長、督學

四、九年一貫課程改革的中央相關行政組織

◆ 重組推動工作小組

◆ 研究發展中心

◆ 教學研究輔導組、行政環境整備組、資源應用推廣組

五、各縣市推動情形與教育部角色

六、他山之石

七、九年一貫課程教學資訊網

八、結語

一、前言

‧潘教授

　　今天是九年一貫課程的續集，上次論壇我們邀請到台北縣聘任督學——張素貞督學，向我們說明九年一貫課程從中央到地方的推動概況，以及各個縣市的推動作法。今天，特別邀請她到節目裡與我們談論更細部的內容。

二、全省各地區九年一貫課程改革的準備概況

‧潘教授

　　首先，我想請問張督學的是，針對各縣市督導的情形，五位督學會跟部裡作研討，所以五位督學也跟次長有對話的機會。有些縣市張督學雖然沒有自己去看，但是從研討的過程裡大概可以瞭解全台灣推動的情形。若是如此，我們可否進一步來談目前各縣市的準備度如何？小學已經上路了，所以較無問題，但國中再過一學期就要全面試辦，你覺得準備得可以了嗎？

‧張督學

　　這是很關鍵的，我們到各縣市問的第一句話就是「你準備好了沒？」其實這個「準備」大家都有，運作也開始了，但大家是不是真的知道要開始做？將來能不能真的抓到九年一貫課程的精神？學校也有這些疑惑。所以，為了詳盡瞭解各縣市的準備度、適時介入予以協助，從今（民國九十一）年三月到八月我們有一個類似專案管理的機制來管理進程，從這個管控的機制來瞭解他們的問題。當我們知道有些縣市這方面真的太弱了，便可以重點輔導，讓學者、專家到現場

輔導。我們不想以「大拜拜」的方式進行，而是希望能深入瞭解、直接切入。我們也不再說什麼評鑑、訪視，就直接以「協助」的角度來到現場。

就目前而言，北、高兩縣市是準備度比較夠的，中部也開始急起直追，因為有幾位教授介入了，要校長親自報告進度，並且重視校長課程領導的培育。在四月到六月之間，我們加強校長課程領導的培育，讓他們真的能夠帶動整個學校、帶動課程改革。

除了專案管理可以瞭解外，但瞭解之後如何處理問題，這才是最重要的。所以如果要談績效，大家都在動，但多半是持觀望的態度。所謂的「觀望」就是教育部有沒有做好？教育部該做好的要先做好再說。各縣市政府也覺得教育部下放權力的速度太快，教育部應該要負起責任。所以，因為觀念不同、態度不同，準備度也是不同的。

三、學校推動九年一貫課程的細部情形

‧潘教授

進一步來談「準備度」。在這一波課程改革裡有幾個基本特色，比如彰顯學校本位課程的發展、希望老師有編選教材的能力、希望老師能協同教學、希望老師對學生的評量是多元化評量。但這些特色有一個重要的關鍵點亟待突破，易言之，我會把這一波的課程改革不只視為課程本身的改革，課程改革如果要成功，勢必要從學校的組織結構、學校的文化全面改革著手才行。如果從學校的文化、學校的組織面、老師的協同教學、老師的編選教材、學校本位的課程發展、學生的多元評量這幾個面向來說，不曉得學校大致進行的情形如何？

- **張督學**

您提到這一次不只有課程改革，這是組織再造，甚至有人說是概念重塑，這兩者一改變，學校文化勢必重生。我發現老師會認為「以前可以單打獨鬥，可是現在有很多東西是自己不會的，必須跟別人討教」。課程現場不一定要兩個人來教，但是課程的結構與內涵必須跟別人討論。漸漸地，老師也會去跟別人對話。另外，老師以前會把教科書從頭上到尾，但現在選的這本教科書好像只是參考用書，他必須要自己收集資料，或是轉化為本位的素材。

◆ 學校本位課程

- **張督學**

「本位」這兩個字意味針對學校的需要與學生的特性做整體課程的規劃，這個規劃以學生的學習為主。以前老師只重視「執行面」，也就是教學面向，他只需要把教學的部分做好，但現在老師必須做「規劃面」，必須參與學生課程的整體規劃。有很多老師的想法是，過去這些東西都是中央做得好好的，為什麼現在要我們來做？那是因為我們要「以學生為本」、「以學區為本」的學習。我們要學習怎麼樣為社區考量？為學生的個別差異考量？為學生的素質與地區性做整套的學習方案規劃？而且這個規劃是能使他學到能力的。很多人對於學校本位只定位在鄉土、定位在百分之二十的課程，我想不只有這樣的。其實在其他百分之八十的領域課程都要考量這個問題。剛才潘教授提到他們是不是要選編教材？我覺得他們能選學生的教材，這也是本位的一項。老師能編當然最好，但是如果教師能以教科書為架構替代本位的素材，讓學生能親身體驗，我想這勢必也能學到能力。所以，對於學校本位的定位，很多人的解讀都不一樣，我比較傾向於能規劃出適合學生學習的方案，讓學生透過本位的素材、透過個別差異的學習

而學到激發能力的東西。這是朝著因地制宜、因校制宜、因班制宜、因生制宜的方向，要做到這樣才叫「本位」！但是，因為每人的觀點不一樣，所以老師們也莫衷一是。我認為本位觀念裡，老師能選教材是第一步，能轉化教材是第二步，能夠重整教材都算是本位的部分。

・潘教授

九年一貫的課程是要發展學校本位的課程，如果大家對學校本位的概念沒有釐清，就無法掌握真正的精神所在。您提出了自己對學校本位這個概念的詮釋，讓我們更清楚地瞭解九年一貫課程。另外，我們所強調的教師協同教學、教師是否有選編教材的能力，以及他們發展學校本位課程的近況，是不是真的做到多元評量等？可否請張督學跟我們分享您所看到的部分？

我們先談前面的學校本位課程議題，它的實際發展是不是只偏重在鄉土教材的選擇？是不是只利用那百分之二十的課程，卻沒有全面地思考整體課程設計要如何發展學校的特色？

・張督學

是的，這個問題我看過很多，甚至在某次課程評鑑專案上，有許多學者問到是不是只評鑑那百分之二十？我認為本位課程的發展中，「塑造願景」是第一步，然後再結合十大基本能力，就會發展出學校的課程。在塑造願景時，對學校能力的分析也已經完成了，其中包括很多人強調的"SWOT"分析，分析學校的優勢、劣勢、機會點、威脅點，但我認為最需要注意的是「學生特性分析」。學校本位課程是針對學生的學習，假如要對學校本位作配套措施，得先對學生的學習能力、先備知識進行分析，因為這關係到怎麼幫助學生有效學習且學到能力。所以，我建議學校可以先朝這方面去做，分析學生的特性才能掌握將來要如何規劃他們需要的課程。另外，學校也可以針對學

生未來發展來規劃特色，這也算是本位的一種。慢慢地，人們就會了解了本位課程不只是那「百分之二十」。但是，還是有人會想編出一本「市本教材」或「縣本教材」讓大家使用或替代，這種教材舉例往往無法把全部的例子完整涵蓋，所以我認為還是還給學校來進行，不要做「市本」或「縣本」，做「校本」就好了。因此，在課程領導方面應以此為核心著手進行，千萬不要讓學校以為只做百分之二十的課程就好了。

對於彈性課程，有許多縣市政府還做了其它規劃，但其宣稱要國際化、資訊化、本土化，結果是三節課中，一節上英語、一節上電腦、一節上鄉土語言。大家對「百分之二十」的詮釋都不一樣，這也是得特別釐清。

• 潘教授

對於學校本位課程發展的議題，一般學校可能只限於規劃百分之二十的彈性課程，張督學特別提出這方面的概念澄清，希望學校在推動學校本位課程時，可以整體地了解學生特性、社區特性及學校特性，來規劃整體課程。

◆ 協同教學

• 張督學

至於協同教學方面，如果兩個人從來沒有對話也沒有研討，就要進入教學，這是不可能的。在這裡我也要釐清一點，有人認為協同教學在我國實施是有點困難的，因為老師的等級好像都一樣，沒有所謂的「助理老師」之類的，所以我們的協同教學就是你幫助我、我幫助你，比較定位在「合作教學」。我到過很多學校看到一個很實際的狀況，比方學校會進行「體育循環教學」，就是依照老師的專長排定老師輪流上課；還有「交換教學」，也就是兩個人一起上課，以一個班

群爲單位設計綜合性的主題。這些是很現實的考量，他們認爲只要有協同設計就是一種「協同教學」，有彼此分享、激勵，就叫做「協同」。比如，內湖國中在學期末時老師們都參與一個大主題的規劃，教學時也是以輪流的方式或兩、三個一組的方式來完成這樣的主題。事實上，我們的現實面還有很多問題，例如未能釐清概念，而且大家認爲不太需要協同教學。但是，如果我們認眞地思索單一領域內的統整有時是不是自己的專長就可以解決？便會開始想到是不是需要跟別人對話、討論？甚至是不是需要跟別人一起進入現場？這些都是理論與實務上、以及我國教師生態上需要思考的問題。我們常說協同教學始於「協同設計」，我認爲要先學會協同設計，才會協同教學。

· 潘教授

是的，老師們一起相互協助設計課程，進行「協同設計」，方有助於進一步合作教學，進行「協同教學」，而協同教學誠如張督學所言，有許多的形式，老師們可就彼此討論出來的課程，一起在課堂上教學，亦可就自己專長，輪流上課。

現在協同教學用得比較多的好像是綜合領域。如果是自然領域或社會領域，在小學的部分本來就是合科，所以這個問題比較少；但在國中的試辦過程中，他們有沒有著力在這個地方？

· 張督學

我看過幾個例子，在國中的部分他們會先考慮到教材怎麼設計。因爲教材怎麼設計、怎麼統整會影響到要不要協同教學的問題。所以，在國中的教學現場裡，老師對自己的科目比較專精，對其他人的科目則沒有辦法關心，因爲師資培育就是以分科的方式來培育。所以，他們關心的是教材怎麼統整？如果是單一領域的統整，比如社會領域分爲歷史、地理、公民，這三科的老師要進行對話規劃課程，這

算是一種協同設計。至於在教學方面，如果以主題呈現、完全融入時，得考慮自己能不能教。例如地理老師認為進了大學之後，你的類組就跟我的類組不同，經過長期的培育，現在要我教這個主題，可能有點困難。我們發現國中教科書怎麼編會影響到協同教學怎麼做。所以很多老師告訴我，等教科書編出來，再決定怎麼組織、怎麼編擬、怎麼因應、怎麼排課。但是，我們跟國立編譯館請示過，教科書大約在六月十五日之後才會出來，所以我們得跟老師說明不能等到這麼急迫的情況下才著手進行，學校整體的規劃措施要在四月到六月這段期間儘量進行，其中也包括人力結構的分析，也就是當老師發覺無法教這堂課時，必須趕快進修。縣市政府在這方面作了很多的規劃，補助大筆教育經費，讓老師在面對九年一貫課程時有比較好的因應方式。

◆ 多元評量

• 潘教授

另外一個議題是多元評量部分。就您所知，目前各縣市在這方面究竟進行得如何？教育部有一些相關政策，如小班教學，就是鼓勵教師們以多元的方式來評量學生。在這一波課程改革的配合上，不知道張督學看到的情形如何？

• 張督學

從「多元」的角度來看其實就是「方式多元」、「類型多元」、「對象多元」、「情境多元」。所謂「對象多元」就是有自評、互評、家長評、教師評。從多元的角度來看，剛開始許多教師都會用「多次」的評量，後來漸漸引導他們的觀念讓他們瞭解真正的意涵，如語文考試不是只有語文測驗，還可以用別的方式來處理，像是戲劇表演、或用另外的方式來詮釋都可行。因此，很多縣市都有因應新制的評量，就是配合九十年三月二十九日公布的新評量制度，各縣市都會公布實施

要點、規則，要求學校不要有統一的評量日、評量週。先從「時間」來突破，長一點的時間才能進行多元評量，一天就考完的試大概只有認知測驗才能做到。所以，各縣市都會思考這個部分，有些縣市甚至會邀請評量專家來解釋什麼叫「檔案評量」。例如，一年級有很多學校生活課程是不考試的，生活現實面的東西沒理由以紙筆測驗來了解學生學會了沒有。不過，既然是多元，紙筆測驗也不能廢除。我看到許多生活課程與綜合活動的範疇是很相似的，所以他們用檔案評量，請人設計內容的向度、規準或實施方式，有些縣市已經努力這麼做了。若我們縮小範圍看學校裡的情形，如果校長有課程領導的概念，甚至了解九年一貫課程的真諦，便會去作檔案評量或類似的實作評量。因此，所謂多元評量不能看縣市，而是要看學校，學校中有人了解整個評量在評什麼？例如，評能力要看表現，不是以分數代表全部，而要以不同的方法了解學生的表現是否達到能力指標。

現在還有待努力的就是釐清這些專有名詞，很多教師認為可以講白一點，我們很希望可以將理論與實務結合，讓教師知道這些評量要怎麼作，因此，現在教師不是不做而是不知如何做。透過討論、操作、口頭報告可以先讓教師了解如何評量，再慢慢引導至學術化的理論上。

◆ 教師的彰權益能

・潘教授

張督學提到的問題又涉及到另一個環節，就是教師們不太了解五花八門的學術名詞；也提到這波課程改革要突顯的幾個特色：學校本位課程、協同教學、多元評量等，教師是否能夠掌握到這些？是否具備教材選編的專業知能？這就牽涉到教師進修的問題。目前提供給教師許多九年一貫課程的進修機會，不知道張督學覺得在這方面作得夠

不夠？方式好不好？是否能幫助教師眞正推動九年一貫課程？

• 張督學

　　這個問題就是教師常說的「增能」。這裡向大家說明我所看到的
幾種進修方式，有的縣市是「本位進修」，認爲所有的規劃課程都不
能滿足大家的需要，甚至是大、中、小型學校的需要，所以要本位進
修；另外一種在中南部看到的叫做「產出型進修」，認爲研習不是只
有理念還要帶出成果，還要能做出課程計畫、學習單、設計檢核表；
還有一種「深入型」的。現在的進修機會的確如前所說的非常多，但
到底有沒有管理？有哪些教師進修過？哪些課程是重複的？教育部
在上學期規劃所有的進修課程分爲初階、進階，也分教師組、校長組，
就是考慮如果沒有管理，以致某些教師沒有接受新課程，便很難瞭解
他們的情形和約束他們。過去推動八十二年新課程時，教師就要統一
調訓，但現在講求本位，所以就很難做到這一點。

• 潘教授

　　我記得有許多縣市都規定教師要有既定的九年一貫課程研習時
數。

• 張督學

　　沒錯！但有些縣市授權學校處理，學校沒有行政約束力，只能以
鼓勵的方式。所以曾有人建議，是否該發明「教師進修儲值卡」，一
年下來檢核有沒有達到十八小時、三十小時，用這樣的方式來了解，
並且也要有管控的機制知道是否全面做到。有許多校長認爲行政約束
力還是不夠，只能當作教師績效表現的第一項，事實上沒有強制規定
的話，有的教師不一定研習三十個小時，認爲反正只要在九十四學年
做到就可以了。所以雖然進修機會多，但如何達到品質控管是目前最

重要、最需努力的部分。

◆ 行政人員的進修研習——校長、儲備校長、未來校長、督學

‧潘教授

　　所以，研習的範圍有一部分是教師的，另一部份是學校行政人員的研習。就像我在節目裡談到的，我不會將這波九年一貫課程改革只定義在課程本身，因為它涉及整個學校組織的改變、學校文化的重建，從這個角度來看「校長」，意義就很重要了，還有主任及學校行政人員，如何帶動教師使之願意投入，並能具備觀念、意願、動力等等。您可否說明目前有關校長、主任的研習進行情形如何。

‧張督學

　　事實上，在此次九年一貫委員會的籌備會議上，蠻多學者、教師會的伙伴和校長都提到，校長的課程領導是非常重要的核心，但是專為校長設計的課程領導班其實不多。有的縣市開設了校長的課程領導班，但是頂多上課一兩天，沒有辦法開設太多天，甚至有沒有辦法系統化，這還是一個問題。這次，我們的總召就在研究發展中心提議，將來會有「課程領導工作坊」來進行培育校長「課程領導」的課程規劃。目前則先從國中校長著手，希望四月到七月，所有校長都能接受這種課程領導培訓。第二波則是儲備校長，雖還沒有遴選完成，但目前已經有四百位。在他們的儲備過程中，希望可以加重九年一貫課程方面的培育，將來在學校的課程領導上能夠有更強的能力。另外，還有一個對象是下年度要考校長的人選。各縣市人數有多少？要規劃幾梯次？將來到縣市儲訓或是交給教育部中部辦公室的教師研習會，還是交給國家教育研究院培訓？還有，這些課程設計要有幾小時？是否規定要有八週，也就是三十個小時的培訓課程等，這些我們都需要完整規劃。第四類的組群是督學，我們希望所有行政體系的督學若沒有

課程教學的經驗，都能夠透過這樣的培訓建立將來視導的基礎。這四類組群是我們目前正在努力規劃的。

四、九年一貫課程改革的中央相關行政組織

◆ 重組推動工作小組

・潘教授

可否請您大致描述一下新任部長上台之後推動九年一貫課程的作法？

・張督學

我就自己參與的部分做簡單的說明。目前這只是一個草案，要等推動工作小組通過才會是真正上路的組織架構。將來教育部要重新改組所謂的「推動工作小組」，以范政務次長做為我們的召集人，以吳常務次長擔任副召集人。底下分三個組：一為教學研究輔導組；[1]一為行政環境整備組，因為要實施統整，行政資源或是行政體系務必要先準備；第三組是資源應用推廣組。另外，還有研究發展中心，將來需要上位做決定時，就以研究發展中心為規劃決策單位。未來，我們還是要繼續做九年一貫課程，但是需要考慮到實務面的問題，我們的改革是漸進的，我們要讓老師的潛力激發出來。

◆ 研究發展中心

・潘教授

您提到「研究發展中心」，可否談談研究發展中心的組織架構，其角色與功能。

---

[1] 「教學研究輔導組」後改為「課程與教學深耕輔導組」。

・張督學

這是我們委員會推動的核心，主要是從事綱要的修訂、補充說明，或剛剛說的校長領導培訓、有關基本能力的詮釋解讀等，凡是比較上位概念或需釐清的部分，都是研究發展中心處理的。這個組織在草案裡屬於教育部九年一貫課程推動工作小組召集人之下的單位，主要工作是釐清概念。

・潘教授

所以，過去曾部長任內，整個台灣分為北、中、南、東四區來推動，在新任黃部長上任後又開始另一階段的工作，於是成立「國民中小學九年一貫課程推動工作小組」，由政務次長范次長主持，其下設置三組一中心，有關概念澄清、評鑑工作及校長培育課程等由「研究發展中心」規劃，至於另外三組負責之工作，具體而言有哪些呢？

◆ 教學研究輔導組、行政環境整備組、資源應用推廣組

・張督學

這三組第一個是有關教學輔導（教學研究輔導組），涉及各領域的教授群與各縣市輔導員的結合。在九年一貫課程政策下，所有教師都是第一線的主力推動者，如何結合教授群和輔導員就是教學輔導組要作的。第二個就是行政整備組，意思是教育部各處室要做整備，包括各縣市要有統一窗口。由於局長公務繁忙，未來可能由副局長擔任統一窗口。很多教師抱怨教育部各司處來文、中心也來文，沒整備就要教師做課程統整，於是要求教育部要先統整，而成立了行政整備組。另外一組是資源應用推廣組，希望整合社會人士及資源。在設計開發課程時需要社區及家長資源，因為有許多領域是原本師資培育制度中無法提供的，如藝術人才。主要就是分為這三組。

五、各縣市推動情形與教育部角色

‧潘教授

　　一般人可能會認為這次改革準備時間不足、配套措施不夠，所以在推動九年一貫課程會遇到許多難題。現在教育部重新組織架構，有相互統整的機能並開始思考如何補足，以後我們可以看看這些組織如何發揮功能，以幫助九年一貫課程推動得更順利。那麼現在就請您來談談目前各縣市推動策略。

‧張督學

　　大概可以分成三類。第一類叫「主動出擊」。很多縣市政府覺得自己有能力可以獨當一面，會主動規劃許多配套措施，認為它可以主導，所以就主動出擊。另外一類叫「被動因應」，它認為課程權力下放太快，許多縣市政府只有一個人管理，在因應方面的確有困難，所以等教育部規定出來才開始運作。第三類最糟糕，叫「不理不睬」。這一類已經越來越少，剛開始的確有教育局不管而下放給學校、教師，漸漸地變成被動因應。而我們希望主動出擊的縣市政府越多越好。目前我們採激勵措施，看是否能以經費補助的方式來鼓勵縣市政府主動出擊。所以，這一波改革教育部補助了許多研習的教育經費、輔導團的補助經費，最重要的就是希望縣市政府能將經費好好規劃。

六、他山之石

‧潘教授

　　可否談談那些主動出擊的縣市政府做了哪些具體措施，可供其他縣市參照。

• 張督學

　　主動出擊的縣市如高雄市，教育局長具有課程領導的宏觀，制訂校務評鑑、教師評鑑，並整合教學，是前瞻性的規劃。而其配套措施如成立輔導團，在招募團員時給予某些誘因——平時只教四節課，主要從事研究規劃和專心於輔導工作，其定位是很清楚的，其課程計畫也可成為範例以供參考。台北縣教育局局長也是如此作法，例如非常關心策略聯盟，並化為實際行動，除了經費的補助支持，還提出行動研究的方案，包括教師的授課、成績評量等。這兩個主動出擊縣市局長可作為他縣市的典範。

• 潘教授

　　據我了解台北市也提供了良好的環境，規定學校每一個領域在特定時間要排一個空堂讓教師們研討，不只校內有對話機制，校外也有。我想這都是大家可以參照的部分。

七、九年一貫課程教學資訊網

• 潘教授

　　另外，這段時期以來整個課程與教學的改變一定累積了很多的資訊，如果我們有一個良好的資訊網可供傳播，必定可以減少探索時間並提供寶貴經驗，甚至促發新想法的產生。所以請張督學與我們分享目前九年一貫課程教學資訊網。

• 張督學

　　目前有一個九年一貫課程教學的網站，每天上網人數非常多，是國教司和台灣師大合作開發的；另外一個是「斯摩特網站」，是中山

大學開發出來的。除了這兩項是教育部的網站外，各縣市政府都成立了屬於九年一貫課程的網站，裡面的教材時常更新並彼此分享。「分享」就是九年一貫推動的第一步。能分享教材，大家就會去臨摹，但要叮嚀大家要有思辯的能力以適合不同學校。方法可學，但內涵要再調整。

- 潘教授

　　能否大致說明網站 post 的內容為何。

- 張督學

　　裡面除了各校經驗，還有最新訊息、行政訊息、教學訊息，以及一些研習資訊、地方教育行政的會議紀錄等等。這波改革的確不是只有教師課程部分的改革，整個行政變革、政策透明化都是很重要的，可以讓教師知道未來要如何走下去。

八、結語

- 潘教授

　　非常開心台北縣聘任督學——張督學來參與論壇，澄清許多有關課程推動的概念，以及各縣市實際的作法。今天的論壇我們獲得許多訊息，也知道九年一貫教學資訊可輕易上網查得，希望聽眾們可以多加利用。

九年一貫課程改革之校長觀點（上）

主持人：潘慧玲（國立台灣師範大學教育學系教授兼教研中心主任）

與談人：余霖（台北市立大直高中校長）

論壇日期：2002 年 3 月 3 日

✹討論題綱✹

【九年一貫課程改革之校長觀點（上）】

一、前言

二、解讀九年一貫課程及其抗拒

◆ 教師為「改革主體」抑或「改革客體」？
◆ 領域師資與多元能力教育師資的缺乏

三、落實九年一貫精神

◆ 權力下放與課發會的蓬勃運作

四、校長在推動過程中扮演的角色

◆ 課程資訊領先者、創意平台提供者、獎勵施壓推動者
◆ 組織「學校課程發起聯盟」、營造團體動力
◆ 採取「一點突破、多點並進」的策略

五、結語

一、前言

‧潘教授

　　九年一貫課程的推行，除了上位者的願景與領導外，此一政策的推動與落實，最後必須仰賴學校。到底學校應該如何運作？相關成員應該抱持何種理念？推動時會遭遇哪些困難？都是值得關注的問題。今天我們請到課程試辦經驗豐富的大直高中余霖校長來討論這個議題。首先請余校長就一個實際推動者的角度來談該如何解讀九年一貫課程。

二、解讀九年一貫課程及其抗拒

‧余校長

　　國內九年一貫課程的改革牽涉到教育本質的改變，其中最重要的是有關課程權力分配的問題。為什麼基層老師對這個案子始終存有排斥的心態，我認為是因為一開始的改變讓基層老師覺得這不像是課程「改革」，反而比較像是課程「革命」。就實務面而言，第一，是中央的課程權力下放到地方和學校，我們可以看到「彈性時數」高達百分之二十，這可以說是一個劃時代的改變；第二，就學校內部來看，因為要求課程發展委員會的成立，而課發會是一個以校務會議通過的組織要點來推動的委員會，所以很顯然地，課程發展委員在未來會大量的取代校長，甚至於是教務處有關課程的權力。

‧潘教授

　　余校長提到一個問題，這次的課程改革和以前有很大的不同，牽涉到課程權力的分配與下放、以及教育本質改變的問題。首先，在課

程權力分配與下放的問題上，余校長提到老師對此有抗拒的情形，這其中主要的原因是什麼？如果權力下放到學校，老師們可以發揮其專業自主，爲什麼還會有抗拒心態呢？

◆ 教師為「改革主體」抑或「改革客體」？

• 余校長

　　就文字上來看，雖然有百分之二十的彈性課程給課發會或老師很大的空間與權力，而且因爲教科書開放而出現許多版本，所以老師本身有教材選擇的權力，但是，我們可以隱約的看到在這一次改革中，作為改革主體的教師並沒有被充分尊重，在整個課程形成過程裡，沒有聽到老師的聲音；且相對來說，另方面他們好像又變成了被改革的對象。所謂「被改革」意指從學科整合成領域來看，一個歷史老師過去只需要單獨教授歷史科目，但現在必須對於地理及公民學科有所瞭解。現在除國文、英文、數學三個學科之外，其他科目的老師都面臨了課程統整的問題。

• 潘教授

　　幾年前行政院教育改革委員會成立，李遠哲院長曾到各地宣傳教改理念，發現老師們本應是具備專業能力的個體，當是教改的「主體」，但是他們卻覺得自己好像成了被改革的「客體」，這之間的差距產生了問題。

◆ 領域師資與多元能力教育師資的缺乏

• 潘教授

　　另一個問題是老師們長久以來安於現狀。事實上，以前課程係採分科型態，現在則改以不同學習領域去組織課程，整體課程改革涉及教育本質上的改變。而教育本質的改變涉及教育目的、教育內容或方

法等的變革。以前課程標準的修訂非常簡單，主要是調整時數，但這一波的改革引發了基本思維的改變。例如，在教育目的上，以往是講究學得知識，現在是講求「帶得走」的能力；在教育內容方面，剛剛余校長也提到學習內容的組織方式不同，也牽動到教學方法必須醞釀協同教學等的問題。這一連串的改變都會影響老師們推動的心態。

・余校長

我認爲不管是世界上哪一個國家，教師團體基本上是比較保守的。因爲教育本來就是傳達既有的社會價值觀念，他要社會化這些學生，所以他們的心態難免是穩定的、保守的，對於改變存有一些抗拒的。但是，這裡還有一個實質問題，首先，假設我們今天用領域來作爲施教的範疇，截至目前爲止，國內也沒有任何一個所謂合格的領域師資存在，所以這方面的問題會讓老師恐慌。例如，今天我是一個歷史老師，能不能夠順利轉成一個合格的社會領域老師？如果沒辦法，是否連最基本的工作機會都被剝奪了？這個已經威脅到老師的生存問題。第二個問題是，我們沒有很清楚的告訴大家，當課程改變從所謂的知識導向變爲能力導向後，這其中的差距在哪？特別是老師有沒有所謂的「教能力」的能力？今天我可能教科學，那麼我是否有能力教邏輯推理等這些能力？因爲很顯然地這些在過去的課程標準中沒有被要求，所以舊有能力的達成強調的是會不會解方程式？會不會加減乘除？而這個部分的轉變，對老師來說也造成相當程度的恐慌。

三、落實九年一貫精神

・潘教授

要推動九年一貫課程，其中便涉及老師們認知、觀念的改變及能

力提升的問題。大直高中余校長在推動上有很多豐富的經驗，譬如你們學校是教育部第一期九年一貫課程試辦的學校，您本身也擔任台北市課程召集聯盟的負責人，同時也是台北市推動九年一貫課程委員會的副總幹事。九年一貫課程已經是一個逐步推動落實的政策，雖然仍有些難題存在，但是國中即將實施，學校到底應該怎麼作才能真正落實九年一貫的精神？

◆ 權力下放與課發會的蓬勃運作

• 余校長

當我確認教育部已制定政策後，我們很快的開始進行試辦，因為我們希望爭取時間，從試辦的過程中瞭解可能會面對什麼問題，甚至以我們長期在第一線的工作經驗，使九年一貫課程的衝擊或負面能夠降低到最小的程度。所以在過去這兩年多以來，我們有很多的經驗能跟教育界的伙伴分享。比如過去課程的排課、配課或開課，以往都是由學校的行政單位一手包辦，但是很顯然地，在過去兩年多的試辦以來，發現課程委員會可以扮演一個相當有價值的角色，其實我們不要害怕權力下放，因為當權力下放之後，廣泛的老師群意見在交互作用過程中能夠真實地呈現，並為學校的課程計畫找到一個新的方向，甚至於我們所擔心的學校本位課程或彈性課程百分之二十怎麼去安排，這些經由課發會的運作之後，我們都看到了很多正向積極的結果。

四、校長在推動過程中扮演的角色

◆ 課程資訊領先者、創意平台提供者、獎勵施壓推動者

• 潘教授

現在討論學校革新時會談到校長的角色開始有了轉變。誠如余校

長提到九年一貫課程將部分的課程決定權下放到學校，課發會也扮演了某些功能，但就一個校長而言，在九年一貫課程改革推動過程中要扮演什麼角色？

・余校長

　　過去，一個好校長在行政領導上是非常重要的，並且也要表現得十分卓越，或者也可說校長是一個強而有力的「行政管理者」，如此一來便將學校看成一般的公家機關。但是在新的課程改革過程中，我們發現校長在所謂課程的領導上或作為課程發展的推動者方面，扮演了一個更重要的角色。在這個過程裡，校長透過課的領導研發，展現了他在教育方面的專業能力之後，更容易贏得老師的尊敬。於是，在整體課程領域中，就相對獲得更大的影響力。

・潘教授

　　可否更具體地來談校長的課程領導要作哪些事情？怎麼去領導學校課程發展及研發教材？校長是否要與教師一起涉入各學習領域課程的研發工作？還是扮演一個層次比較高的領導者角色？

・余校長

　　這可分成幾個層次來看。第一個層次，校長是一個課程資訊的領先者，至少在九年一貫課程剛開始推動的過程中，老師反應比較抗拒的時候，校長如能及時掌握九年一貫課程綱要推動的脈絡、背景、基本精神，並進入七大領域中，看這些分段能力指標的意義何在？並加以詮釋和解讀，或者能夠進入六大議題中，看看這些議題在學校的運作之下，如何與七大領域乃至於學校例行性的大單元活動結合，這時候校長基本上會變成九年一貫課程資訊的來源。而我們都瞭解，「掌握資訊的人，就是掌握全部的人」。第二個層次是，在這些七大領域、

六大議題分割之下，沒有一個人能夠掌控全局，於是相對的，他就要提供人力，看他如何提供一個創意開發的平台，在這個平台裡，給予所有對課程研發有興趣、眞的希望透過這個課程改革作一些事情的老師提供協助。第三個層次是比較細膩的，亦即獎勵與施加壓力。對於已經經積極面對九年一貫課程改革的老師，我覺得我們應不斷地給予鼓掌及資源、給他經費的協助；但是對於還停滯不前的老師，這時候校長也應拿出魄力來，逐步的施加壓力，是緩慢的施加壓力，而不是驟變的。因爲老師都很優秀，適度的暗示及施加壓力，他們都會動起來。

・潘教授

余校長提到校長扮演的角色，一個是課程資訊的領先者，一個是提供創意平台的人，另一個則是使用獎勵及施加壓力者。談到這個部分就牽涉到一個問題，有很多老師比較習於現狀，即使提供他們創意開發的平台，如果老師們本身沒有動力，推動起來還是挺困難的。當然您也提到要獎勵或施加壓力，可是還有一個更根本的關鍵是：如何營造學校的協同文化，或者是積極投入的文化？我認爲這是學校革新的重要起點。

◆ 組織「學校課程發起聯盟」、營造團體動力

・余校長

我曾經擔任過台北市八個學校課程發起聯盟的第一任召集人，當時爲什麼會有這種發起聯盟的構想？就是在第一期時，台北市有八個學校都是教育部九年一貫課程試辦學校，一開始我便感覺到當我們在單一學校推動時，老師們會有一種想法，認爲「這都是校長要作的」、「就只有我們學校在做」、「我們很悲慘、很可憐、很辛苦」。後來，當我們開始把這八個學校聚集在一起組成課程發展聯盟的時候，每一

個月都會有一個定期的聚會,每個學校的老師在這個定期的八校聯合會議中展示自己研發的成果。於是,在這個團體動力裡,因為其它七個學校都參與觀摩,所以一方面是我們的努力與優點可以在校外獲得肯定,另方面,如果我們落後就會造成內心的不安,會覺得「輸人不輸陣」。所以有一段時間如果我們感覺落後了,就會產生一種迎頭趕上、甚至於跟別人一別苗頭的心理。這樣的團體動力造成八個學校之間良性的互動。

◆ 採取「一點突破、多點並進」的策略

• 余校長

第二個考驗是在校內,這也是同樣的經驗。我認為在校內的策略必須是「一點突破,多點並進」。比如,少數的老師願意投入,我們便給他資源、讓他發揮,使他的才華得到肯定;同樣的學科領域也是一樣,少數的領域願意先進行試辦的,我們就給它更多的資源及協助,使它能夠在較短時間裡獲得初步的成果、能夠發表。所以,所謂的「一點突破,多點並進」這樣的型態,再加上運用校內及校外的團體動力,使得我們可以藉著別人的經驗及智慧,以及藉著激發老師不認輸的心態,逐步加溫、逐漸進入狀況,而開始有發自內在的動力。

五、結語

• 潘教授

今天余校長從學校行政領導者的角度來談九年一貫課程改革的進行,從討論中,我們可以發現,課程改革的面向不僅止於課程與教學,學校行政如何配合?校長如何扮演一個課程資訊領先者、創意平台提供者、獎勵施壓推動者,甚至於如何將學校老師集結、動員起來,

都將影響課程改革的進展。是以，下次我們還要請余校長來談談他在
大直的豐富經驗。

九年一貫課程改革之校長觀點（下）

主持人：潘慧玲（國立台灣師範大學教育學系教授兼教研中心主任）

與談人：余霖（台北市立大直高中校長）

論壇日期：2002 年 3 月 10 日

※討論題綱※

【九年一貫課程改革之校長觀點（下）】

一、前言

二、台北市的推動經驗——以大直高中為例

- ◆ 「六年一貫課程」的前導經驗
- ◆ 課發會之實際運作內容
- ◆ 學校願景的構築促進學校本位課程的發展
- ◆ 學校本位課程在七大領域之推動
- ◆ 「共同排課時間」的配合
- ◆ 教師之預備工作與執行
- ◆ 六大議題在課程中的呈現
- ◆ 大直高中的協同教學
- ◆ 大直所遇之困境

三、結語

一、前言

·潘教授

上次論壇我們討論過校長在推動九年一貫課程之時,需要扮演課程資訊領先者、創意平台提供者、獎勵施壓推動者等角色,以便激勵與整合學校老師,而促成課程的發展與革新。在討論了相關理念之後,今天我們繼續邀請大直高中余霖校長,請他與我們分享大直高中實際推動課程改革的豐富經驗。

二、台北市的推動經驗——以大直高中為例

·潘教授

我們知道台北市大直高中比較特殊,它是一個完全中學,除高中外,還有國中部。本來余校長在整個教學推展過程中,就已進行了一些課程改革工作,諸如「六年一貫課程」,這是有關國、高中課程如何銜接的問題。現在面臨新的一波九年一貫課程改革,又有一些新的作法。可否請余校長就九年一貫課程的部分談談大直高中推動多久?剛開始是怎麼推動的?目前現況又如何?

◆「六年一貫課程」的前導經驗

·余校長

每個學校都有它獨特優勢的地方。在八十六學年度還沒有九年一貫課程,但是我們學校已經成立了「課程發展小組」,有點像現在課發會的功能,當時我們正進行「六年一貫課程」的發展計畫,發現師資或課本難以執行「六年一貫課程」,所以便決定以「八大關鍵能力」做為我們六年一貫課程的依據。很高興的一點是,我們領先了教育部,或者可以說與教育部的學者專家們是英雄所見略同,我們都是希

望以「能力」來貫穿、作為六年一貫課程的依據。因此，在這方面較佔優勢的是我們有課程研發的經驗。比如，那時我們開發出「百本名著導讀」做為國文科的本位課程；或者，在自然科中我們開發出一個水資源的課程，甚至包括整個基隆河的溯源，一直到基隆河的水資源步道。這些東西可以作為我們的經驗，所以大約在民國八十八年左右，我們參加教育部的試辦計畫就把這些快速的融合進去。之後，較大的改變是我們的課發會變成一個有結構性的組織，並定期運作，運作的過程還有當時台大教育學程中心的研究生幫我們作全程錄音、逐字紀錄，將來整個過程可以在網路上看得到。

- **潘教授**

在大直高中的網頁上嗎？

- **余校長**

對，或者是教育部的網站上。因為成功大學李坤崇教授當時收集了整個課發會運作的實例，我們也都獲得優等作品獎，所以可以看得到。

◆ 課發會之實際運作內容

- **余校長**

在這裡可以發現，過去我們認為課程發展委員會只是一個花瓶、是擺樣子的，大家如果真的這樣想，那它就真的是花瓶；但是如果我們把課發會當成校內課程發展的發動機，而且真的將權力釋放、讓它們運作，就會發現雖然老師心態上是保守的、對九年一貫課程是抗拒的，但是慢慢地他們會解除防衛的心態。

- **潘教授**

那麼大直高中的課發會都作些什麼？

• 余校長

這些年來每年的重點都不一樣，先從早期開始談起。第一年試辦時，老師對這個東西還是霧裡看花，所以我們當時做三件事情：第一，我們選擇綜合活動領域作為試辦的焦點，因為當時這個領域的老師最有危機意識，所以他們很樂意投入。而且，綜合活動領域不是聯考的考試範疇，於是在取材上有更大的自由度，在活動內容的安排上，可以更彈性、活潑，所以這個部分我們作得很好。第二，當時為了學校本位課程作了一個校園步道。我們有一個校園步道規劃小組，這個小組是跨領域的，包含了語文、數學、自然藝術、人文社會，幾乎七大領域都參加了。試著透過校園步道的規劃，讓老師來研究跨領域教材的開發，我們開發出一系列的校園步道，甚至包括「摺頁」，這些可以在學校的網頁看到。第三，我們認為老師必須要有動力、有內涵，所以當時組織一個校內的讀書會，讀書會的議題並不限於所謂九年一貫或是課程方面。我們希望更廣泛地包括哲學、文學或藝術思想等，因為我們覺得當老師站在一個更高的制高點，對孩子或對本身的要求就更不同了。

• 潘教授

剛剛余校長提到課程發展委員會有這麼多不同的作法，可是它怎麼與老師們在各領域的運作產生關連呢？

• 余校長

其實這是運作機制上要考量的問題。第一，在課發會裡一定有各個領域的代表；第二，課發會中有教師會的代表，因為我們希望透過理監事會的影響，教師會能支持、強化九年一貫；第三，在課發會中會安排一個行政同仁作為各領域的聯絡人，以便各領域需要任何行政的協助、資源、經費、場地的安排等，我們能夠快速的回應。接著，課發會本身不是一個執行機構，它要進入領域小組裡運作，所以課發

會的決議由各領域的代表帶到領域裡來探討、研發，並再作確認。這裡面臨一個問題，假如領域小組和課發會的決議不同時，該如何處理？其實到目前為止並沒有很明確的解決機制，而我認為最好是由對話協商開始。但是，如果各領域小組有其本位思考及權益考量，最後還是由課發會作最後的抉擇。

◆ 學校願景的構築促進學校本位課程的發展

• 潘教授

在大直高中的運作過程中，對於學校可以自行安排的百分之二十彈性課程有什麼看法？

• 余校長

其實我們一開始並沒有考量百分比，我們先考慮「大直要培養怎麼樣的學生」。我是台北市課程發展計畫國中組的副總幹事，在擬定學校課程計畫時我們都會先要求學校作自己內部願景的研擬，因為所有的課程一定是從學校願景裡出發的。我們這個學校要把學生培養成什麼樣子的人，如果要的是活潑有禮、或者很健康的，可能課程設計就不同，因為課程設計就是要實踐的目標。

• 潘教授

談到學校願景，很有趣的是現在每個學校的願景好像是一個模子印出來的一樣。就大直高中而言，有其殊異性嗎？

• 余校長

我個人在意的是歷程重於結果。我們可以看到不管是很僵化或者很造作，這些願景其實都非常美麗。這些願景是透過學校由上而下或由下而上交融得到的，是被大家認可的願景，不管好壞，我基本上都是肯定它的；但反過來說，有些願景看起來蠻漂亮的，例如民國八十六年時，我對大直的願景就是「新高中」、「小大學」、「八大關鍵能力」

等，這些東西看起來很美也有利於行銷，但是我現在放棄它了，我們重新來過，完全由下而上再來一次。

- **潘教授**

  採取「由下而上」的策略，你會徵詢哪些人的意見？

- **余校長**

  那是一個大攪動。我們每一個領域——國中、高中全領域去談，例如國中數學老師和高中數學老師討論，那麼七大領域就會出現它們的願景；再來，各處室——教、訓、總、輔、人等進行討論，教師會也和家長會討論。當然談出來的結果是非常雜亂的，因為大家看法各不相同，全部都提到課發會裡再討論。在課發會中經過幾次的會議之後，指定七人小組——我們有一個核心工作小組，由這七人小組再把這些東西融會貫通，之後公告並聽取大家意見，當大家都同意之後，經課發會決議，再送校務會議。我們希望在這個程序中讓所有的老師都來思考學校願景的問題。

- **潘教授**

  那麼學生的聲音怎麼進去？

- **余校長**

  學生的部分就是班聯會。我特別強調學校願景的確是透過全體的老師、行政同仁、家長甚至於學生，慢慢孕育的。所以它本身文字描述是否優美？目標是否崇高？在現階段不是很重要，因為還可以繼續修改。就大直的經驗來說，我們學校的願景看起來沒有那麼漂亮，但是它是真正經過全體的老師、學生、家長，共同參與所得到的結果，所以我們便可以從願景來發展學校本位課程計畫。

- **潘教授**

  在推動學校革新的過程中我們發現一個現象，如果今天是「由上

而下」進行課程改革，一定沒辦法奏其效，所以現在一直倡導「由下而上」。剛剛提及大直課程改革的過程涵涉了多方意見，那麼你們推動的模式是什麼呢？

• 余校長

　　我們學校有很多的政策或願景大概都是採用「上下交融」的模式發展。我個人並不排斥由上而下，因為在某種關鍵時刻行政單位也必須要有魄力，同時國家有教育政策、有目標必須要達成。但是，在構想出現之後應該能夠廣泛的徵詢老師意見，特別是老師發表自發的看法、觀點或思維時，我們要給予支持、鼓勵。所以在這種上下交融的模式裡，既可實踐目標，又能夠真正反應老師內心的思考。經過這種理性對話之後，政策成功的可能性會比較大一點。

• 潘教授

　　余校長很多的想法與國外推動經驗及理論是不謀而合的。我們看到國外不斷討論推動學校革新的經驗，光靠由下而上或由上而下都不行，所以您創發了「上下交相融」這個名詞。

◆　學校本位課程在七大領域之推動

• 潘教授

　　可否進一步來談大直高中課程本位發展是如何在七大學習領域中推動的？

• 余校長

　　首先要界定「學校本位課程」。有時候大家提到學校本位課程就會想到鄉土教育，其實這兩個東西可以是相同，但是也可以有很大的差別；也就是說學校本位課程不一定是鄉土課程，它甚至可能是非常前瞻的。例如，某個學校覺得學校願景要培養具有「未來意識」的學生，說不定他們開的學校本位課程就是「未來學」。

- **潘教授**

　　講學校本位和鄉土課程，讓我聯想到談統整課程的時候不也是如此？什麼東西最好統整？於是就找一些鄉土的教材來統整，或者是節慶活動等等……。

- **余校長**

　　我想這也是比較容易入手的方法。我們第一年試辦只用綜合活動領域作爲焦點，第二年我們發現全面性推展的時間已經來臨，所以開始採取七大領域齊頭並進。七大領域同時發展的時候，有些領域會主動要求跟別的學習領域對換，因爲他們有很多共同性的議題必須討論，這時候行政單位完全站在一個支援的立場。例如，他們要開會，所以要有共同的時間來排課，或者提供一個非常好的場地，甚至也許進場的時候帶些咖啡包或花茶，讓老師們喝喝茶、吃點小點心，讓他們能夠以更優雅的氣氛來進行。

◆「共同排課時間」的配合

- **潘教授**

　　您提到學校行政單位有一些支援性的工作，像七大領域都要有共同討論的時間，那麼大直高中如何安排討論時間？還有在空間的安排上，有沒有一個咖啡廳或者是其他場所能讓老師們輕鬆地來談論嚴肅的話題？

- **余校長**

　　在空間安排上，據我所知目前台北市很多學校都做到這一點，大直高中設備比較落後一點，不過我們還是會營造那個感覺。雖然沒有辦法像五星級飯店那麼好，但是我知道有的學校可以做到。而在時間安排上，台北市八個學校組成的課程發展聯盟，均感覺共同排課時間的重要性。所以在這個學年度，台北市有個通令，全北市所有國中的

七大領域都有共同的排課時間。例如，禮拜二下午是數學課不排課，禮拜二早上是藝術與人文不排課。我們把台北市分成九個群組，有九所中心學校來帶領這九個群組，再加上我們有共同排課時間，這樣一來我們便能做到資源共享。比如，某所學校在禮拜二下午辦了數學展示，他的群組伙伴學校都可以前來聽課，如果是這個領域的校內討論對話，也會是共同的空堂。我認為這是台北市一個相當大的成就和突破。

• 潘教授

剛剛提到台北市分為九個群組，指的是什麼？

• 余校長

原來有八個學校作為中心學校，後來又增加了一個學校，所以一共有九個學校都是早期參加九年一貫課程試辦的學校，他們分享經驗，帶動其它的群組伙伴，而不是每個學校分成不同領域之類的任務分工。每個群組有自己的特色，可以按照它的特質運作發展，但基本上我們提供了架構，有共同排課時間。而我們也規定每個星期一的上午為這九個中心學校與台北市教育局九年一貫課程推行委員會對話的會議時間，或者九個學校開聯合會議來談共同性的議題。

◆ 教師之預備工作與執行

• 潘教授

目前的進行方式是讓九個中心學校如同「種子學校」一樣，各自帶領一些學校。那麼是同時並進，在每個中心學校裡進行嗎？

• 余校長

從今（民國九十一）年度開始，我們很明白地要求每個學校都要作七大領域，同步進行。七大領域的課程設計大概分成基礎級與進修級。就基礎的部分來看，我們希望每個老師首先一定要研閱九年一貫

課程總綱綱要，第二要精讀他自己任教領域的課程綱要。有個趣事，某個學校的校長真的做得很徹底，我們說「研讀」，這位校長便集合全校老師，然後請一位聲音很好的老師逐段地讀、逐段地談、逐段地討論。我覺得這很紮實，我在台灣談九年一貫經常有機會到各個不同的地區討論，現場調查發現，真正能一字不漏閱讀的老師的百分比並不高，所以這是一個好方法。課程綱要的解讀、對這個領域獨有的教學評量、教學方法、教學活動設計等等的理解都是非常重要的。

至於多元評量是需要時間發展，所以我們將它放在進修級來討論；課程評鑑也在較高層次，因為課程必須發展到某個程度才有辦法評鑑。所以類似有關學校課程整體計畫的撰寫等，我們也把它擺在後面，屬於進修級的部分。

• 潘教授

這指的是一般學校在校內推動九年一貫課程的時候，對老師的研習分成基礎級與進修級兩個步驟來作。

• 余校長

台北市在上個學期要求每個老師有三十個小時的九年一貫課程研習，並且有個課程表。我們預計在下個學期按照教育部所開的課程，再做三十或三十六小時的進修。

• 潘教授

剛剛所說的是準備動作，那麼進一步除了老師具備基本的認知、知道如何進行多元評量或教學活動設計、課程評鑑等的問題之後，實際運作情形如何？

• 余校長

因為每個學校發展速度不同，有的學校已經做到七大領域成果發表會，當然是相當領先的；但有的學校還停留在分段能力指標解讀、

教學活動設計等等。不過，這都不要緊，因爲就實務面來看，不管是哪個學校或老師，至少在二○○四年七月三十一日便要就起跑位置了。所以有幾樣是每位老師要做到的，第一，在這個階段至少要針對新的課程標準作一個單元的教學活動設計，這個設計希望能夠是資訊融入教學。以台北市來說，這幾年馬英九市長很重視資訊教育，有一個資訊教育白皮書，投資了幾十億，所以我們的老師只要有需求，不管是桌上型電腦或 notebook，我們都盡可能配發給他們。我們希望老師能在九年一貫課程的教學設計裡融入資訊，如以動畫或 powerpoint 等來展示，但是時間不要長，而是以激發學生興趣爲主。

- 潘教授

是否每個老師使用電腦的能力都沒有問題？

- 余校長

目前台北市有老師資訊能力及素養的培訓及檢定。其實可以看得出來這幾年進展得非常迅速。我在大直服務，剛進去時全校只有二十台的桌上型電腦，現在桌上型電腦有八十台，notebook 也有八十部以上。

- 潘教授

剛剛余校長提到老師們的準備動作，首先必須做教學活動設計，接下來呢？

- 余校長

當他把教學活動設計做好之後，我們希望他能在領域裡和其他老師對話以修改，畢竟現在的教學活動設計和過去所謂的教案有很大的不同，上面一定會有分段能力指標，要統整、要考慮這個單元的教學活動能否跟其他領域連結？還有教學活動設計理念是否符合九年一貫強調的十大基本能力的培養？所以必須有一個時空來和老師及其

他專家對話並修改。修改完之後，建議老師在這個學期中利用他現有的任教班級作「教學演示」，不稱為「教學觀摩」用意在於不要有太大的壓力，純粹是一個演練。透過這樣的教學演練，他可以瞭解自己對九年一貫準備到什麼程度。如果學校的資源足夠，希望能幫老師將這次的教學演示拍攝成光碟送給老師，但建議校長、主任都不要去看，因為很重要的一點是其目的不是去評鑑，而是提供協助。

・潘教授

其實「評鑑」有一個很重要的功能便是謀求自我改進，這是我們除了強調績效評估之外，所須側重的一個重要功能。

・余校長

老師看完之後如果想要邀請主任、校長或這個領域的專家學者來共同參與討論，我們再給予老師協助。這樣的好處在於每個人能夠真正發展出九年一貫實戰的能力，而非停留在理論的講述而沒有進入教學情境裡。

◆ 六大議題在課程中的呈現

・潘教授

余校長提到課程的設計如何與其它領域有所關連，如何配合十大基本能力，以及領域裡的各個能力指標如何在教學活動設計中呈現出來。但是還有一個難題在於，我們不只有七大學習領域，還有六大議題，包括兩性、環境、資訊、家庭、生涯發展以及人權教育。就這個部分來說，難度較高，不知道余校長有什麼建議？

・余校長

其實這在我們教學活動設計的基本設計表格中也有，我們希望老師看待六大議題時，不要為連結而連結，應該根據這個單元的性質而定。倘若今天設計的單元剛好能夠和人權連結，那麼我們就能馬上做

結合；也許談到另一個議題和兩性有關連，那麼在這個單元的設計當中就跟兩性來結合。也就是說，當這麼多的單元設計之時，我們是就教材的本質以及內涵來思考。於是在不同的單元就會和不同的議題結合，也會在不同的單元設計裡和七大領域有一個跨領域的結合，於是能夠組織成一個非常綿密的網。但我們也不主張所謂的「爲統整而統整」，這樣反而會造成對主題單元的誤解。目前也有人誤會每個單元都要和六大議題結合，其實是毫無必要的。

◆ 大直高中的協同教學

• 潘教授

　　大直高中目前已經進行到什麼程度？請余校長和我們談談剛剛提到的引導老師遵行發展的三個方向。

• 余校長

　　因爲大直高中起步較早，所以我們在上個學期結束時舉辦了三天的研習，在其中我們把過去的努力做了一個七大領域成果發表，所以寒假的時間老師便開始做他自己的教學活動設計。我們在學期末的時候是以每個領域共同合作的方式來發表，而非老師自己單獨做的，比如數學領域集體創作一個成果發表，社會領域也集體創作一個成果發表，所以現在便是從集體創作走入獨立作戰、獨立研究。最近我們在回收老師們的教學活動設計，接著會有五個場次研習和對話的時間，這個時候會對於每個老師個人的教學活動設計做互動及修正，之後便是教學演示。

　　在這裡也談一下資訊融入教學。過去很多時候我們對於資深老師有些排斥，我的看法是「老幹新枝」可以交互搭配，資深老師做教學活動設計時會有創意，對教材的安排上更加細膩，所以能跟較年輕的老師合作，就所謂設計的點上可以指導年輕的老師；反過來說，年輕

老師可以幫資深老師做資訊方面的設計。其實我們要發展的是「協同教學」，他不只是進到教室來協同，包括課程的開發等，老師也可以彼此協同。於是資深老師便不會太擔心他的電腦能力，只要找到合作對象，並在交互之間達到回饋就可以了。

· 潘教授

對於協同教學的問題，我們一直強調學校本位課程發展有一點很重要的是，老師要養成彼此合作研發課程的默契與文化，以及進行協同教學，不知道大直高中在這一部份有什麼實際的作法？

· 余校長

就這個部分來說，我們今（民國九十一）年已經開始實施。今年國一新生有所謂的「大直時間」，也就是大直本位課程。其中有三個主題，一個主題是水資源課程，另一個是校園步道，還有一個主題叫做「生活美爽爽」；是綜合活動領域開發的課程。這個部分採用的是協同教學，我們有十一個班級，將班級分成四個群，有些單元是一個老師教十一個班級，有些單元一個老師只教二或三群甚至是一群等。而排課方式是在同一個時段裡，星期二下午有三小時的連排，有時一位老師在那個時間是空堂，可以輪換式教學。甚至於有三節連排，現在有一些很有價值的畫展等，我們都可以利用那三節連排的時間去參觀。

· 潘教授

易言之，你們目前協同教學是針對某幾個統整的專題進行，其他領域在正常的教學裡有沒有用到協同教學？

· 余校長

目前某些領域我們沒有辦法作協同教學。舉例來說，對於社會科，我也曾經試圖來做所謂「內涵式的協同」，後來發現因為課本尚

未印出來，我們還沒有做決策要採用哪個版本，所以現在發展這些或許還言之過早。而我們在校園步道的設計裡就有史、地、公三個學科的協同教學，是屬於學校本位的協同。

◆ 大直所遇之困境

・**潘教授**

推動九年一貫課程以來，大直高中有沒有什麼問題需要克服的？

・**余校長**

其實我們遇到的問題非常多。舉例來說，光是課發會開會的時間就是很大的問題。課發會中有家長代表，他的時間能否配合？或者外聘的學者專家是否也能準時來開會？所以，我們在新的學年度排課之前就讓課發會的委員提前產生，使他們排課的共同時間不至於影響到學生課業的進行，像這就是一個小的問題。再者，比如協同教學要採用什麼模式？假設以社會領域來說，是否歷史老師真的要去教公民教育？這個部分我們做了很多思考，這裡還牽扯到排課配課的問題，因為如果一個領域要做協同教學，比較容易排出來。但是如果各個領域都要做協同，可能無法排出這樣的課來。所以，這時我們又會回歸到一個現實面，在理想與現實之間找到折衷點。而且，各個學校的問題不盡相同，可能我們學校的問題也是別的學校的問題，但我們也從別的學校看到很多正向的東西。例如，過去老師是被動的、接受命令的，但現在老師會主動的表達意見，提出他設計的很多值得讚賞的構想；或者，過去很多老師比較鬆散，可能在這一波改革中真的被攪動了；我們也看到老師其實是很有潛能的，雖然一方面會抗拒，但一方面也半推半就在做。所以，我們也不要因為少數老師對九年一貫課程有抱怨，就認為沒有希望，雖然老師們且戰且走，但資深老師很有經驗，一旦他們的智慧及才華展露出來，會讓你感覺到他們經驗非常豐富。

•潘教授

所以剛才提到的困難，主要是時間上要考量許多參與者的配合，以及如何推動協同教學的實效性。不過這也牽涉到，一個合宜的協同教學要如何真正落實在學校的問題。

•余校長

這個部分我們可以有「輪換式的協同教學」，就像是各個老師有不同的專長，只負責他所擅長的主題，而學生採取輪換式的。我們在高中部的專題研究也用這個方式，這是一種。而教材的協同在事前已經做區分，教歷史還是歸歷史，地理歸地理，在教材結構部分已經做過規劃整合，所以雖然表面上仍舊教歷史，但其實這也是一種協同教學的模式。

•潘教授

大直推動九年一貫已經有好幾年的經驗，也碰到一些問題，是不是有什麼配套措施可以讓整個成效發揮得更好？

•余校長

其實我們可以看到每個試辦學校都有一些成果足以發表，在今（民國九十一）年暑假開始真正推動之後，我認為會產生一個百花齊放的狀況。當然比較沒有經驗的學校可能會從網路上得到資訊，而有定型化模式出現，也會有大量的學校採用這些模式，但我可以預期最少會有百分之三十的學校會根據其學校的特色來進行，而產生百花齊放的效果。

三、結語

•潘教授

我們談課程權力下放，很希望看到學校的課程發展是百花齊放，

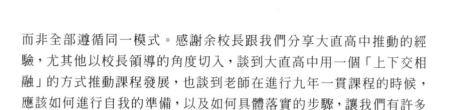

而非全部遵循同一模式。感謝余校長跟我們分享大直高中推動的經驗，尤其他以校長領導的角度切入，談到大直高中用一個「上下交相融」的方式推動課程發展，也談到老師在進行九年一貫課程的時候，應該如何進行自我的準備，以及如何具體落實的步驟，讓我們有許多的啟發。

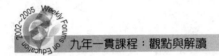

九年一貫課程改革之教師觀點（上）

主持人：潘慧玲（國立台灣師範大學教育學系教授兼教研中心主任）

與談人：朱逸華（台北市內湖國中教務主任）

論壇日期：2002 年 4 月 21 日

※討論題綱※

【九年一貫課程改革之教師觀點（上）】

一、前言

◆ 簡述推動過程

二、九年一貫學校課程組織架構

◆ 生態課程小組、課程發展委員會、領域課程小組
◆ 創意萌發的基本單位——生態課程小組

三、社會領域的推動情形

◆ 從學校願景出發，擴展至台灣、中國
◆ 自編教材並配合民間出版社教材
◆ 教材選取編輯與教師授課安排

四、結語

一、前言

・潘教授

　　如果觀察這幾年的教育改革，可以發現九年一貫課程是一項影響深遠的教育政策，針對這個主題，前後製作了一系列節目，邀請不同的來賓，從督學、校長的觀點來談，這次我們從實際負責推動的教師觀點作討論，請到的來賓是台北市內湖國中的朱逸華教務主任。請朱主任先簡單說明自己參與推動九年一貫課程的資歷？

・朱主任

　　我在民國八十八年開始參與學校試辦工作，之後加入九年一貫課程聯盟，然後又做了台北市五大推動小組的成員之一，現在則致力於參與教師的授課時數、九年一貫課程領域時數的部份，還有成績的考查辦法、成績單的規劃等相關工作。在教育部也擔任編、審書的工作，所以有蠻多推動九年一貫課程的經驗。

・潘教授

　　您曾有許多豐富的經歷。剛剛您提到在民國八十八年內湖國中就參加了由八個學校一起成立的「台北市課程發展聯盟」，試辦已經有幾年的時間了。請先談談你們一路走來的推動過程？

◆ 簡述推動過程

・朱主任

　　剛開始老師的了解程度不高，所以行政的投注力量比較大，由行政來帶領老師了解九年一貫課程分段能力指標。之後，我們先規劃一些統整活動，接著就變成一個領域小組，規劃全校性的活動。經過參與這個小組之後，老師就較為瞭解九年一貫到底在做些什麼。而台北市有一個九年一貫課程聯盟，我們就負責規劃全台北市的活動。

二、九年一貫學校課程組織架構

・潘教授

這一次九年一貫課程改革有一個重大特色，就是把部份的課程權力下放給學校，讓學校有比較大的彈性空間規劃課程。我們知道在規劃課程的過程中總會涉及幾個要素，諸如課程組識與運作、課程設計與規劃、教學評量、教師授課時數安排等。一般學校都會有「課程發展委員會」的設立，我想妳們學校大概也是這樣子，可不可以先談談組識運作情形？

◆ 生態課程小組、課程發展委員會、領域課程小組

・朱主任

首先從「生態課程小組」開始。生態課程小組裡面本來只有五個科目的老師參與，在八十八年時每月聚會一次，後來開始有「課程發展委員會」，課發會下面有「領域課程小組」，亦即我們現在所說的「各科教研會」，只是我們把它統整起來變成七大領域課程小組的教研會。教研會的工作大概就是研讀所有九年一貫的分段能力指標、思考有什麼教材可以用，聚會時我們會談學校本位課程該往那些方向走，然後再把這些規劃送到課程發展委員會。課程發展委員會開會的次數比較少，一個學期大概一到二次，而領域課程小組的會議每個學期至少都四次以上，生態小組會議則是一個月一次。

・潘教授

你們在還沒推動九年一貫課程前，生態小組就做了一些學校本位課程的推動，那它現在還並存在學校裡嗎？

・朱主任

仍然並存，因為覺得這個小組有很大的功能，它是一個以學校的種子老師為主而發芽的根據地，所以我們覺得不能放棄它。

・**潘教授**

那麼它怎麼與其他七大領域的老師如何相互配合呢？

・**朱主任**

基本上，我們的 idea 與創意是從這個小組來的，得到這創意之後，我們就會把創意帶到各個領域課程小組來分享，讓他們知道我們發展這樣的課程。每個領域參考可行與否，如果不可行，再提供我們更好的創意。有人起頭，後面的人再修正，或是舉一反三，就可以得到更多的創意。這時候我們再帶回小組裡修正，然後再帶到各領域小組，如果大家覺得可行就一起來做。

◆ 創意萌發的基本單位——生態課程小組

・**潘教授**

剛剛提到生態課程小組是一個創意萌發的基本單位，可不可以舉例讓我們更加了解內湖國中有什麼樣的創意發揮？

・**朱主任**

我們第一個做的是關於學校本位課程。內湖國中很特殊，它有四千一百多平方公尺綠意盎然的校地，有各種動物鳥類，甚至包括螢火蟲。生態課程小組就依據這個特質設計了兩次朝會的統整活動，把學校植物擬人化，讓學生有獎徵答；接著我們在這個過程中，做了一個地球日的活動。這個活動是先設計課程，例如，從生物課了解學校的生態；而語文課可以由老師引導、介紹自然生態的美，並在作文課上寫成文章；藝術與人文課程可以讓學生了解自然美與人工美。當我們這些點子出來時，很多科目的作法都一併研究了，給老師參考之後也都覺得不錯。所以，四月二十二日的地球日就作起來了，現在已經連續進行三年。

之後，我們又做了舊換新歡的義賣活動，也就是拍賣交換。每一

年，孩子把自己的東西拿到會場交換，交換完畢之後心得分享。孩子在賣的過程中體會賺錢的不易，體會這些東西可以再利用。這是關於資源利用的主題，生態課程小組就計劃了這個活動，第一年先試作小規模的，第二年發展更大的校慶週成果發表會，舉辦了更多的活動，而且供全台北市老師來參觀，來看我們的教學過程。

三、社會領域的推動情形

• 潘教授

　　九年一貫課程有七大學習領域，包括語文、數學、社會、自然與生活科技、健康與體育，藝術與人文、以及綜合活動，可否先就社會領域談談目前進行的狀況？

◆　從學校願景出發，擴展至台灣、中國

• 朱主任

　　這得先談學校的願景，我們學校的願景是健康、明理、關懷。社會科的規劃是建構在學校願景之下，他們覺得要了解整個社會，應該先從內湖的校史開始。所以，目前一年級課程的規劃是了解內湖國中的校史，還有了解它的地質環境、人文環境，接著了解內湖社區，之後是了解台北盆地整個有關社會、人文、經濟、政治、民主法治的過程。接著就帶到台灣這個美麗的福爾摩沙，從荷蘭與日本的統治講起，再帶到中國歷史。這是社會科目前規劃的一年級主題。

　　另外，也規劃了一個統整活動。一年級是「迪化商圈古蹟行」，讓孩子了解這些年貨大街究竟是怎麼來的？讓他們實地採訪、做紀錄，然後回來進行成果發表。二年級是了解整個內湖社區，這就是社會科目前規劃的第一年統整課程與第二年預設的教材，二年級以後再

逐年發展。

◆ 自編教材並配合民間出版社教材

• 潘教授

現在九年一貫課程不同於以往的地方是，社會領域中有關歷史、地理與公民的部份可以作整合，你們學校所發展出來的課程如何配合目前的教科書編審？怎麼考量這一套課程的教材來源？

• 朱主任

我們的社會科老師也發現，可能沒有一家教科書可以符合我們的需求，所以他們希望第一年從已經通過的教科書版本中，選擇其編排與我們教科書最吻合、最接近的版本，其它就自己編印。他們希望在三年後用自己的教科書，所以，現在慢慢地自己編印某個部份，接著第二年再編印某些教材，等到第三年的時候，一年級的課程便都是老師自己編的，這是我們社會科老師的理想。

同時也是因為，若按照我們的模式，則很少出版商可以全面地談到每一個社區的特色，只能靠學校本身老師自己來編，而這也是我與很多實務工作者討論時，他們一直反應的。本來學校本位課程的彰顯，應該是配合學校本位課程的發展，讓學校有彈性選擇的空間。比如，我覺得某一家教科書裡那一個單元比較好，我就可以選擇那個單元。可是現在好像變成你選擇這一本教科書是某一個出版社的，那麼一到三年級都非得貫串地使用那家出版社的教科書不可。這就是九年一貫課程中，有關教科書相關配套措施的問題。

• 潘教授

事實上，我們昨天才開了「研究發展中心」會議。大家曉得有鑒

於九年一貫課程的推動，過去相關配套措施不夠周全，現在教育部設置「推動工作小組」，以及其下的「研究發展中心」及「教學研究輔導組」、[2]「行政環境整備組」、「資源應用推廣組」等三組來落實九年一貫課程政策。昨天在會議上談到教科書的評鑑，有些委員提到評鑑教科書不應以整個出版社而應以某一單元爲單位，這樣的評鑑方式可以提醒出版商，學校並不保證會從第一冊到最後一冊使用同一家出版社的教科書，如此可避免教科書壟斷問題。

◆ 教材選取編輯與教師授課安排

・潘教授

　　我們進一步來談老師授課的安排，由於社會領域可以不像從前歷史、公民與地理進行分科教學，內湖國中在這方面怎麼考量？

・朱主任

　　第一個，從教材上來說，未來老師手上不是只有一個教材而已，他可以參考各家出版商的東西。我們編排的方式是從內湖本身開始了解，到台北盆地、福爾摩沙台灣，基本上我們的老師已經把每一個單元都寫得很詳細了。我們看書商出版通過的書，哪一個與我們符合的程度最高，我們就以那一本爲學生主要的教科書。接著我們的老師補足這本書所沒有的其他單元，也就是在課程計畫已經設計好的單元，並以自編教材的方式教給孩子，然後逐年完成自編教材。我們的社會領域老師有個雄心壯志，即未來社會領域的教科書就由我們學校自編自用。

　　另外，還有關於老師要怎麼上課的問題，現在國中的教育是分科上課，每個老師拿的都是分科師資證明，故教師合格證書一定是歷史、公民或地理。但是爲了未來九年一貫統整課程中一個班的社會領

---

[2] 「教學研究輔導組」後改爲「課程與教學深耕輔導組」。

域完全由一個老師來教，我們的老師現在就開始觀摩，例如地理老師觀摩歷史老師上課，學會一些教歷史的方法；歷史老師也觀摩地理老師。當然，在這個規劃過程中，家長可能會質疑老師的專業程度。所以，我們極力建議設置管道讓老師可以在寒暑假或是週末的時候培養第二專長。

· **潘教授**

您提到老師們願意彼此觀摩，現在已經有這樣的活動嗎？還是說預計以後要開始做？

· **朱主任**

我們已經有老師願意，然而也有老師不太希望這樣做。但是，我們至少有兩、三個種子老師願意帶動。社會科老師有十位，有兩、三位願意做，我們就先以那兩、三位為實驗組群，然後再慢慢引導每個老師接受這個概念，這是個彼此相互學習的好機會。評鑑學校的時候，每次問到你們學校有沒有舉辦觀摩，結果都說有，那麼是誰「倒霉」當被觀摩者？往往是實習老師或剛開始教學的人。所以，當內湖國中資深老師願意開始互相彼此分享自己的教學經驗，就是一個促進專業成長的開始。

· **潘教授**

在教學鐘點數的分配上會不會有問題？

· **朱主任**

九年一貫實施以後，教育部訂立一個基本時數，每個領域的開課時數彈性上下限是 2.8 到 4.2 節，我們取一個中間數，大概就是三節左右，每個領域大概三節。所以就社會領域而言，原來它在一年級有三節，二年級有六節，三年級也有六節，可是，未來一、二、三年級可能都變成三節，頂多加一節學校自主課程，也只有達到十節。所以，

社會領域老師的需求量是會下降的。同樣地，國文領域老師的需求也會下降，因為以往國中每個年級開課大概五至六節，現在以開課三節而言，再加開一節共有四節課，降到四節之後就會發現國文領域老師的需求量開始往下減。而健康與體育領域老師的需求量就往上增，因為原本體育是兩節、健康也是兩節，而且只有一年級開課，如果未來一、二、三年級都開一節的話，就有三節，比以往的編制多。

老師會擔心編制員額的問題，尤其是社會領域和國文領域，所以這一波的課程改革會涉及到師資培育機構到底要培育多少老師？哪一類的老師？市場供需情形如何等等，這都要進一步的了解和掌握。關於如何培育老師的問題，現在中教司也開始進行各領域老師認證的規劃，故而如何培養教師的第二專長，這些都是師資培育機構要轉型的地方。

四、結語

・潘教授

繼督學與校長的觀點之後，今天我們以教師的角度來看九年一貫課程改革。謝謝台北市內湖國中朱逸華主任完整詳細地介紹了在九年一貫課程改革下，他們學校課程組織架構的發展，以及社會領域的推動情形，讓我們的觸角得以深入課程改革實際進行的學校場域中，知悉裡頭的發展與推動狀況。下次論壇我們還要針對這些主題，深入探討評量與課程統整的部分，並再度請朱主任與我們分享內湖國中的經驗。

九年一貫課程改革之教師觀點（下）

主持人：潘慧玲（國立台灣師範大學教育學系教授兼教研中心主任）

與談人：朱逸華（台北市內湖國中教務主任）

論壇日期：2002 年 4 月 28 日

❋討論題綱❋

【九年一貫課程之教師觀點（下）】

一、前言

二、教學評量——多元評量

◆ 社會領域多元評量規劃
◆ 自然與生活科技領域多元評量規劃
◆ 語文領域多元評量規劃

三、領域統整課程實際運作情形

四、教材的選擇

五、協同教學

六、結語

一、前言

・潘教授

上次論壇我們邀請到台北市內湖國中教務處朱逸華主任，從內湖國中的組織運作方式、課程設計與規劃來談九年一貫課程的狀況，我們探討了很多社會領域的問題、老師授課鐘點數的安排以及授課分配的問題，今天我們要來談談教學評量與課程統整的部分。

在學校整體發展中，教學評量的部分非常重要，請朱主任先說明內湖國中是如何規劃多元評量的？

二、教學評量——多元評量

・朱主任

在這一波改革裡，推動的教學評量是「多元評量」精神。新制成績考查辦法以及市面上相關書籍中，關於多元評量的方法達二十種之多，可是大部份國中考試都是單一的筆試。除非是藝能科目會有報告、實作、技能等評量，若是認知領域大概也頂多增加報告或發表，否則段考一律是筆試。

我們現在也正在推動段考採用多元評量的模式。未來每個學期考試的次數是以兩次為原則，我們希望每個領域的老師能夠討論、規畫兩次段考中是否有一次是非筆試的考試。當然，在談論的過程中出現了很多問題，因為非筆試的評分方式是一件很精細的工作，而大家的評分標準必須是一致的，否則家長會質疑它的公平性。所以今（民國九十一）年討論的結果，傾向在綜合領域及健康與體育部份，一次段考採用非筆試的多元評量，至於其他領域則在平常考時盡量運用多元評量的精神。像自然與生活科技可以運用領域實作的部份來進行多元

評量，例如，酸鹼滴定。

等大家都有經驗之後，我們預計在民國九十一年的第二學期，每個領域都會把其中一次段考規劃為非筆試的評量。現在學校試著進行，但是評分的方式是「達到與否」的評量，而非給予個別程度的分數，亦即「有沒有過關」、"yes or no"的評量方式，我們目前只能試著做這樣的嘗試。例如國文科有「跑通關」的評量，這種評量可能會出現一些缺點，即教師只能從秩序方面給分，而無法詳細紀錄他最後的學習結果。我們希望未來的段考可以比較詳細，一個步驟、一個步驟評量，規範達到這個步驟幾分、達到那個步驟幾分，而且每個老師的評分標準都一樣，這是未來我們會努力的方向。

◆ 社會領域多元評量規劃

• 潘教授

若以社會領域而言，你們目前規劃的多元評量方式有哪些？

• 朱主任

社會科採報告的方式讓孩子規劃他的專題報告，那是一整個學期的工作，到期末時繳交當成評量的依據。可是，老師們在討論時提出了一些困難，例如當孩子交完報告後，他覺得不滿意可不可以再交一份？這時分數是不是要往上提？到時候孩子說：「我願意暑假留下來多做一點」（因為新的成績考查辦法規定如果成績未達 60 分的，可以補救教學）那麼老師可以一直加分到什麼程度？我們那一天的討論還沒有得到答案，而這也是目前的困惑點。我認為這個方法與大學的評量是一樣的，在大學裡，交報告當然有截止的時間，所以我自己本身在評量學生的過程中，絕對不是報告交了我就打成績，一定是不斷地回饋，回饋之後讓學生回去調整，並在 deadline 之前把報告交來。事實上，這就是給他機會與學習。但是我們的老師有個疑問是，如果

第一次交的報告已經很棒的人，他得到的是 92 分，可是另一位可能在 deadline 以前不斷地修改，修到了 91 或 93 分，這時有些人也許會認為有九十幾分就夠了，但是也有人會質疑第一次就做的這麼好，表示這個學生的學習其實達到一個不錯的境界，兩造之間分數的標準應如何拿捏？

• 潘教授

您的意思是，92 分的人還是有個 deadline，如果願意再求精進、再交報告的話，還是給他機會；那麼有些人勤能補拙，如果覺得還不滿意，就再努力，但總是有個 deadline 讓學生有最後可以評量的表現結果。內湖國中朝向很多種多元評量的方式試做，蠻有意思的。可否請朱主任就其它領域，來談談內湖國中是怎麼規劃的？

◆ 自然與生活科技領域多元評量規劃

• 朱主任

在自然與生活科技領域方面，老師規劃了一個多元評量方式，主要是在實驗的實作部份。實驗的實作部份最好採取非筆試評量，因為實驗的操作是一個步驟接著一個步驟，包括從取用試管燒杯、取用藥品的安全措施，還有取用量的多少、最後的成果、觀察與報告等，很容易設計為一步接一步的評量模式，然後按階段給分。所以，我們的老師嘗試在「酸鹼滴定」部份與「實驗室安全」的主題下，進行多元評量。甚至學校老師討論要進行電腦線上測驗，其主要是實際模擬。

這之中的困難點是，今天這個班作了實作評量，第二個班題目就得要不太一樣，因為題目很可能已經洩漏出去了。即使以班群來做，一個學校如果有十五個班，一次三個班，我還有十二個班要作，就要變換不同的題目，這時家長可能會認為變換不同的題目難易度便不一樣，那麼分數的標準在那裡？所以，我們認為電腦可能是一個最好的

模式，電腦還可以亂數選題，當然這需要一個很大的基本題庫。但是也有老師提出，線上評量是不是又是筆試的另外一種模式？不過我們認為還是可以做看看。所以，自然與生活科技是最容易採用非紙筆測驗的評量模式進行段考。

◆ 語文領域多元評量規劃

• 潘教授

學科性質不一樣，評量方式就會不同。比如，自然與生活科技領域有實驗與實作的部分進行非紙筆測驗，但是語文領域就沒辦法作實驗，可否談談對於本國語文與外國語文，你們有些什麼樣的評量構想？

• 朱主任

關於本國語文部分，在這個學期五月份將進行一個「詩詞闖通關」的遊戲，它像是一個統整的大地遊戲。語文老師聘請綜合領域的童軍老師來教導他們怎麼進行大地遊戲、大地遊戲的裁判模式是什麼（我們無意中發現了跨領域專業對話的好處，今天他來幫語文領域，下次他需要的時候，語文領域老師就會來幫助他），以及怎麼設計關卡。我們的老師設計了十關，而且融入了其他領域的知識與常識。例如，「唱出古早味」，就要吟唱五言絕句，這裡就牽涉到了音樂與鄉土的部份，而且又有語文教育在裡面，通過的就給分，沒有通過的就不給分。當然這是以組為單位，以組為單位也有缺點，亦即個人的分數比較不容易突顯出來，所以綜合領域老師提醒語文領域老師要小心這個部份，要仔細觀察有沒有特別用心，或是特別混的學生。再來還有「詩人的故鄉」，亦即在地圖上指出這些詩人住在哪裡？點了大約的位置後，將磁鐵貼上，於是又把地理的某些概念放進來了。接著是「四季有詩味」，從詩來判斷這是什麼季節，這裡有一點點自然領域的味道在裡面，像是「煙花三月下楊州」的景象到底是什麼？應該是幾月、

什麼季節？而「詩中有畫、畫中有詩」這個關卡提供了很多幅畫，讓你來聯想這些畫與哪一首學過的詩最吻合？這裡頭又加入了一點美學概念。接著是「天旋地轉」，將詩人以年代排序，這裡就融入了歷史和體能。接著還有「打廣告」，這是生活運用的部份，這首詩可以用在哪個廣告中？或是這個廣告用哪一首、哪一句詩來呈現是最恰當的？我們老師還設計了「超級比一比」，這是比較趣味性的遊戲。還有一些「對句疊高台」，孩子們要在時間內把很多字疊成一副對聯。老師直接在遊戲中來檢測這些孩子是不是真正學到了，我們大概在五月中旬之後就可以跟大家報告成果究竟如何。

• 潘教授：

你們的成果會呈現在網上嗎？

• 朱主任：

我們的成果都會架在網站上面，讓它可以在網路上流動。像上次校慶辦的一系列統整活動，全部都製成光碟，也都掛在網路上，請大家到內湖國中九年一貫網站裡面瞧一瞧。

• 潘教授：

我們可以看到上述的語文領域中大地遊戲是一個統整性的教學評量，可是要讓學生通過統整性的教學評量，事實上，要先對他們進行統整性的教學活動。在規劃中是不是有統整性的教學活動？

• 朱主任：

我們在上學期先做了一個「童詩唱遊」，每個月的生態小組會議邀請語文老師、藝術與人文老師，生物老師、童軍老師與會。童詩的創作還有童詩的欣賞由語文老師來教，接著入歌拜託音樂老師往下銜接，之後製作道具還有相關的背景佈置都由美術老師幫忙，行政居中協調時間、流程，負責檢視關卡有沒有漏了，並提醒學生進度。我們

進行的模式變成功的，這是屬於靜態的表演，接著，下學期是屬於活動性質，讓學生也有體能跑站的活動。我們讓音樂老師以及相關科目的老師了解概念，但是我們並未期待每個老師要刻意銜接未來五月份的這個課程，只是讓他知道會教這些內容，如果上課提到某些自然現象的時候，可以問一下孩子，並給一些回饋。這麼做的原因，是因為我們擔心在統整的過程中勞煩很多領域的老師，事實上他有他的上課進度，這個活動其實是由語文老師來進行的，其他老師只要知道就可以了，以便學生問他相關問題時可以回答。這也是一個相關課程的概念，亦即採取一個統整性的活動，提醒老師在本科教學裡順帶提到其他領域相關的知識，讓同學進一步統整性地了解。

三、領域統整課程實際運作情形

・潘教授

我們已經討論了內湖國中進行社會、自然與生活科技、以及語文領域多元評量的狀況，進一步我們想了解的是，朱主任提到社會領域的課程內容設計中，以三個不同層次從內湖進一步認識台北盆地，然後認識整個台灣，並將歷史、地理、公民三科統整起來，但這之中確實融入了歷史知識、地理知識與公民知識嗎？

・朱主任

舉一個單元為例，一年級第一個單元是「千山萬水家鄉好」，裡面談的是從內湖的地理環境、學校位置與內湖的文史——湖中的校史，還有家庭生活談起，結構性地從家庭到學校、再到生活的社區、然後瞭解整個學校的地理位置、以及內湖在整個台北盆地的地理位置。至於內容有些什麼呢？例如，了解家庭衝突與化解、重視成員關懷與老人安養，這一聽就知道比較屬於公民的部份；另外，例如了解

內湖的地理環境、位置、發展史及地理位置，這像是地理的部分；了解內湖的古蹟淵源以及整個內湖發展史，這部分可以從地理或歷史的角度切入。在這之中，家庭的融入確實有一點牽強，因為公民要融入設計裡是非常費工夫的，但是我們還是以這個方式進行，歡迎各界給我們建議與批評指教。

至於自然與生活科技的部份，先從課程設計開始。首先關注的是學校的願景－健康、明理、關懷，自然與生活科技共有的大目標是培養愛護環境、珍惜資源與尊重生命的態度。當學生進行實驗和器具的操作時，需要培養與人溝通、表達及團隊活動的能力，這就是「明理」。一個願景拉進來之後，我們設計類似像「科技與生活」、「地球上的生物」、「生命的維持與延續」等單元，接著談生物和環境，再來是人與自然、人與科技的關係，這時就把科技拉進來了，最後再談光與投影，這是我們學校規劃的幾個單元。

幾個單元規劃下來，自然與生活科技課程似乎是融在一起。但事實上，我們發現生活科技老師要上自然或生物、理化、地科等相關類科時會產生困難，因為這些科目都有其專業知識及安全顧慮，還有一些實驗技術，包括生物的觀察和分類，這些與生活科技本身是有一段距離的。所以，我們發現這個領域的課程設計可以統整這些科目，但是老師卻沒有辦法一次將這個領域全部教完。於是，學校安排第一年教師資源時，生物、理化、地科的老師可以融在一起，他們的東西可以互通，並勝任這樣的教學，而科技老師還是獨立上課。可是，上「實驗室的安全」及「水之美」統整課程時，科技是可以一起進行統整活動。我們目前是這樣規劃的。

四、教材的選擇

‧潘教授

在整個課程安排中，我們看到了課程統整的精神。不過，在我和很多實務工作者談到這個問題時，他們提到外面的教科書和貴校所規劃的差很多。之前您提到課程計畫安排好之後，屆時再看哪個教科書最吻合，就選擇那個出版商，但是我們可以發現很多版本都不甚吻合，你們是否發現此問題，你們現在已經在編選教材了嗎？

‧朱主任

我們自然與生活科技老師也相當優秀，有些老師也編書，他們有自然與生活科技的編書經驗，而生物老師與理化老師又參加了很多國科會研究，故具備多樣知能，並且覺得有能力發展自己的教材。當然，前不久我們請各家出版商來談他們三年的編書架構，現在的出版商很有趣，他們有合科的、也有分科的版本，書商介紹時，很明顯地告訴我們，有兩種版本可供替換。我們認為他們可能不會通過審核，而且一年級的課程內容大部份是生物，我們的生物老師的確有足夠的知能編書，再加上我們的理化老師是要帶領群組成長，必須先作出課程讓別的學校來批評，所以，我們的老師都覺得：「沒關係！如果最後沒有教科書，我們就自己編吧！」當然聽了很感動，但感動之餘我們也知道這是需要時日的，於是我們規劃用三年的時間來作，之後若受到大家的肯定，它的銷售量就會很好，也許我們的概念就能推廣出去。

五、協同教學

‧潘教授

看起來內湖國中已有充足的心理準備。另一個問題是「協同教

學」。九年一貫課程中強調協同教學，但是每個學校的做法都不太一樣，因為大家對於協同教學的定義各有詮釋。請您談談內湖國中推動的情形。

- 朱主任

　　規劃協同教學時，一定要考量學生的需求，真正有助於學生的學習；第二個要考量的是學校的環境，因為協同教學有時候需要全校性的活動、有的時候需要班群、有的時候需要個別化。而內湖國中是個老舊的學校，大概有四十六個普通班，一個年級大約十五到十六個班，共有一百一十位老師，如此一來在教室的運用上可能沒辦法像新成立的學校，可以把一個教室的門拉開，連兩、三個班一起上課，我們內湖國中沒有這樣子的教室。所以我們在進行協同教學的時候，就要衡量學校的教室有什麼配置？可以作哪些方面的協同教學？第三，要考慮師資，我們的老師是各有專長？還是彼此間有良好的合作性？內湖國中是以生態小組起家，所以我們先從生物科試作，規劃出一套課程。像民國八十九年規畫的是昆蟲週，在這個系列課程裡，有的老師以實體或觀察的方式上課，有的老師上講義，是理論性課程，還有一個老師上的是昆蟲與植物的關係。於是，這三個老師聯合起來，利用一週的時間，將十五個一年級班級每兩個班劃為一群，每次上三小時，以學生跑站的方式來完成，這是依據老師專長的協同教學。接著我們要規劃一個統整課程，我們運用一次班會，把十五個班都招來中山堂，老師統一講解、進行影片欣賞，加強共同觀念的認識。這樣子的協同教學是很成功的。

- 潘教授

　　可否請朱主任談一下，整個學校的推動有沒有什麼困難要解決的？

• 朱主任

　我覺得現在最大的困難點在於，老師的專長要排到恰到好處其實並不容易，這是未來推行九年一貫時一個很大的挑戰。問題也包括課表的安排，未來授課以領域爲主，那麼課表應該是一段一段的，而不是週課表，可是現在新舊課程交替（一年級是新課程，二、三年級是舊課程），在時數上、配課上對教學組長、教務主任都是一個非常大的挑戰。

六、結語

• 潘教授

　九年一貫課程可說是國內教育改革中，最爲徹底、根本的一項，當然，其所面臨的挑戰也可以想見。然而，就如同一週教育論壇這幾週的設計，我們必須從各種角度來觀看、檢視這次的改革，並給予適當的回饋與支持，而這些都有賴於所有崗位上的教育工作者以及相關社會人士（包含家長）共同努力。所以，下次我們就要從家長的角度來看九年一貫課程改革。

九年一貫課程改革之家長觀點（上）

主持人：潘慧玲（國立台灣師範大學教育學系教授兼教研中心主任）

與談人：林文虎（台北市家長教育成長協會理事長）

論壇日期：2002 年 5 月 5 日

✹討論題綱✹

【九年一貫課程改革之家長觀點（上）】

一、前言

二、《教育的後花園》

三、九年一貫課程改革之衝擊——學校層面

　◆ 從「專斷獨辦」至「協同教學」、「協同辦學」
　◆ 輔導家長成長並參與教育過程

四、九年一貫課程改革之衝擊——教師層面

　◆ 跨出想像世界、踏入真實社會：揚棄陳年教科書、投入
　　 團隊合作

五、九年一貫課程改革之衝擊——家長層面

　◆ 從混亂、模糊至逐漸掌握

六、城鄉差異的困境

　◆ 正視城鄉差距、均衡資源分配
　◆ 以有限的資源開發無窮的潛力

七、多元評量與家長參與

八、結語

一、前言

·潘教授

在這幾次論壇中，關於九年一貫課程改革的重大教育議題，我們連續請了台北縣張素貞聘任督學，就督學的角度來談；請了台北市大直高中余霖校長，就校長的角度來談；也請了台北市內湖國中朱逸華教務主任，從教師的角度來談。今天我們要轉換一個角度，從家長的立場來談，請到的是台北市家長教育成長協會林文虎理事長。請林理事長先簡單說明自己與九年一貫課程相關之資歷？

·林理事長

九年一貫課程剛開始研議的時候，我就熱烈參與；後來談十大基本能力時，我們協會也曾經派員參與過；而開始正式試辦九年一貫課程時，這期間我正好擔任家長會會長。

二、《教育的後花園》

·潘教授

林理事長非常有心，寫了一本《教育的後花園》，副標題是《一貫九年？》在書裡談了很多相關問題，所以想請林理事長就一個家長的角度來談您對九年一貫課程的看法是什麼？

·林理事長

我想先談一談書名，為什麼叫《教育的後花園》，因為我覺得教育的主角還是應該回到學生與老師身上，所以教育前提應該是由老師來百花齊放，再由學生展現，而家長應該站在協助者的角色，所以，我認為家長就算要將教育經營得很璀璨，也比較適合站在後花園的角色。至於當初為什麼寫《一貫九年？》因為我認為這是一個問號。有

一次我在某個演講場合裡，有個聽眾問我：「理事長，你講的這個九年一貫在我們這邊是行不通的，因爲我們村子裡的人通常若九年一『罐』我們就當他是卒仔。」我說：「爲什麼是卒仔？」他說：「我們這邊一天最少要九『罐』，你九年才一『罐』，當然是卒仔。」我講了兩三個小時的演講，但是他對於這個議題還是很疑惑。就社會大眾而言，究竟是「九年一貫」或者是「一貫九年」？這是第一個疑惑；第二，這一貫眞的要貫九年？家長的疑問是，國小與國中是不是要合併了？這一貫是不是待了九年？跟以前的九年國教類不類似？第三，它眞的能貫九年嗎？看起來九年一貫在國小實施好像還容易一點，在國中實施就非常困難。所以，就定了這麼一個標題。

- **潘教授**

　　事實上這本書有其背後的蘊義存在，也說明了家長在整個教育園地裡應該扮演什麼樣的角色。

三、九年一貫課程改革之衝擊──學校層面

- **潘教授**

　　我們進一步來看，九年一貫課程帶來很多衝擊，我一直認爲學校革新一定要從改變學校文化開始著手，而文化的改變就涉及到理念、價值觀的改變，亦即要從「心」開始改變。可否就家長的感受談談這波課程改革對學校有什麼衝擊？我們大致可分從學校、老師、家長、以及學生四個方面談論。先談學校的部分。

◆ 從「專斷獨辦」至「協同教學」、「協同辦學」

- **林理事長**

　　以往學校傳統上比較習慣關起校門來辦學，家長的聲音很難進到

學校裡面，學校與社會顯然有脫鉤的現象，所以傳統學校辦學是可以和社會完全無關，這種現象不只在小學、國中，其實在高中、高職以上更是明顯。而九年一貫一個重要概念就是要結合學與用，所以學校必須把門打開、老師的教學也必須要協同進行，即使學校的辦學也必須要協同。若「協同教學」或者「協同辦學」的觀念能夠真正落實，我相信它會改變學校整個經營型態。換句話說，學校將成為社區的學習中心，它可能是一個社區資源中心，也可能是一個社區活動中心，亦即社區以學校為中心來開展學習的文化。要達到這個境界，學校首先要把圍牆降低、大門打開，然後讓家長走進來、自己也走出去。這個做法對很多辦學的校長、行政主任甚或教育局的長官而言，是一個很大的考驗，所以我認為觀念改變之外，做法上也要有所調整──亦即要做到「協同」。我們都以為只有老師與老師協同，其實不盡然，老師也要試著與家長協同、學校試著與社區資源協同。如此一來，經營上則會有全然不同的改變，我們漸漸會發現學生所學的東西與他將來所要用的能力不會脫節、也不會脫鉤。否則，根據統計現在一個小孩從學校畢業進入公司大概要花六個月到一年的時間銜接，才有辦法進入正式的職場。易言之，就算他的專業科目是這個類科，恐怕也沒辦法馬上進入職場工作，也就是說所學的東西與現實脫節了。

• 潘教授

這裡提到學校要開始轉型；把圍牆降低，讓別人能夠進來，這之中有著重要的象徵意義。進一步要問的是，家長參與學校教育時，該怎麼扮演一個合理的角色？一個不是「介入」而是可以幫助學校成長的角色？

◆ 輔導家長成長並參與教育過程

• 林理事長

如果辦教育只是把學生教好，頂多只教了「一半」，因為在學校

裡很認真地教他六個小時，回家後家庭教育教他十八個小時，學校教育影響力不及家庭教育，所以單憑學校教育就要把這個小孩教好是不可能的。所以，所謂真正的教育應該要連家長一起教好。如果我們要讓他們一起成長的話，那麼就必須容許家長的不理性，家長的不太進入狀況。當我們可以接納10分的家長，才能希望他有20分、30分、50分、60分，有朝一日可以到80分、90分，或者可以達到一個你覺得滿意的、OK的境界。當你能夠接受家長中有九成以上不是很理性、對教育不是很認同、不是很了解，也就是當我們可以接受九成的不滿意時，它才有機會慢慢變成八成、七成、六成，到最後變成全部滿意了。所以，有人說家長進入學校會有亂象，我認為當然會有亂象，怎麼可能沒有亂象；有人說會成為一個干擾，我認為當然會有干擾，哪一個人的人生是沒有干擾的？哪一個社會、哪一個團體是沒有干擾的？只是我們要去培養、練習怎麼面對這些干擾，怎麼理性解決亂象與干擾。我認為這也是學習和教育，不過我們都很欠缺這一部分的能力，那麼大家一起來成長，給與彼此成長的機會。不過，在這個互動過程中很重要的一點是，學校在面對家長意見時，當然可以容許家長有點混亂，有點不是很理性，而且對教育不是很了解，但是學校秉持「溫和的堅持」是很重要的，亦即堅持對的做法、態度要溫和。如能這般，久而久之家長也會被教育、社會也會被教育。

四、九年一貫課程改革之衝擊——教師層面

· 潘教授

　　學校和家長之間的互動如何慢慢嘗試錯誤，建立起一個比較理性的論辯空間，我認為是蠻重要的。我們把主題繼續延伸，剛剛談到九年一貫課程對學校是一個衝擊，對老師、家長而言也是，可否談談這

兩方面？

◆ 跨出想像世界、踏入真實社會；揚棄陳年教科書、投入團隊合作

・林理事長

老師的部分是最難解決的，這比改變學校經營型態還要難。因為一直以來都是由社會最優秀的一群人擔任老師，所以老師的能力無庸置疑，但也因為他是社會最頂尖的、從小成績都是最好的人，他一路走來完全不需要跨出校門，從國中、師範或師大，然後從事教職，直接從這個校門走進那個校門，不必踏進社會，因此，他與社會的接觸只是耳聞的而已，並沒有親身感受。在這個情況下，很容易讓老師的視野越看越窄、越看越短，也經常看到自己的不足。例如，不能滿意自己的現況，不能滿意教育環境等等，能把眼界放寬的訓練與機會較少。於是，當九年一貫課程改革使校門打開後，第一個面對衝擊的就是老師。所以，我認為老師的心態首先要調整，要面對真實的社會，而不是只有耳聞、聽來的社會。第二，九年一貫一個很重要的訴求就是讓老師丟掉手上的那本教科書，因為教改前輩認為那本教科書把老師弄笨了，把教科書拿掉老師就會變聰明、變能幹。但是，把教科書拿掉的過程是很辛苦的，因為這些老師包括我們自己，從小生命就是由一本本教科書堆積起來的，現在突然把教科書拿掉，就會覺得生命變得無依無靠、孤獨，變得無所適從。這個過程必然歷經很大的掙扎，我認為靠教學團隊的力量可以克服這個困難，因為一個人面對這樣的變局當然很孤獨，但是靠團隊來蛻變，就變得有力量。所以，九年一貫課程改革中老師必須養成與別人共享、與別人共同努力，或者和別人團隊合作的習慣。這對老師而言又是另一個衝擊，因為以往關起教室的門老師就是國王，他一直都是自己王國裡的國王，要兩個國王在一起合作都很難了，更何況你要一群國王在一起合作，那更是棘手。

- **潘教授**

您提到把教科書拿掉是一件很困難的事，另一方面也涉及到在師資培育過程中課程設計能力的培育以及配套措施的問題。我認為老師們願意慢慢走向一個更專業化的目標，但是我們有沒有提供一個支持性的環境？亦即授課時數的安排是否給與他們對話的空間？有沒有多一點時間可以研究教材？這些都是必須要規劃的配套措施。

- **林理事長**

關於這個問題，我倒是還有一個想法：人的生命永遠不夠，時間永遠不夠，即便一天給我四十八小時還是不夠的。我聽過一個故事，話說有一個出家師父經過路邊，看到一個阿婆在大門前打瞌睡，師父心裡想：「這個阿婆年紀這麼大了，閒著沒事在這裡打瞌睡，我來教她唸佛好了。」他就跟阿婆說：「阿婆、阿婆，妳現在這麼閒，我來教妳唸佛。」阿婆睜開眼來告訴他：「年輕人，我這麼忙怎麼會有時候唸佛？」縱然她每天打瞌睡，她也覺得她很忙。反觀老師真的是時間不夠用嗎？時間是自己經營的，如果我們覺得需要就會找出時間；如果我們覺得沒有必要，那麼時間永遠都不夠用。所以，我認為若九年一貫課程改革真的要把教科書拿掉，要讓老師感受到這麼做對他是有幫助的、是好的、是有成長機會的、會被鼓勵、會被讚許的，那麼老師會自己找到時間。

台北縣有個學校一年級開始試辦九年一貫後，五個班的學生均未買教科書，五個領域的教科書都由老師自己編。雖然編得不厚，薄薄的五本，但是看過那本教科書後，我認為那已足夠應用了。關鍵不在於老師編教科書對誰有用，而是當他編寫教科書之後，我相信老師的功力最起碼成長三倍或五倍以上，這僅利於老師嗎？還是也利於學生？當老師這麼做之後，大家就會到處去宣揚，並給他們鼓勵與掌聲。經過這樣子的歷程，他會找不出時間嗎？我相信他會找出時間的。

・潘教授

在目前試辦的過程裡我們可以看到有些學校的確做得很好，老師們也盡心盡力編輯教材，例如上次論壇中我們了解了內湖國中不少寶貴的做法與經驗，我們必須肯定這些老師。不過，話說回來，有些現實面是我們必須面對的，就像時間的確是自己找的沒有錯，可是我們總是不希望每個人都把生命一下子燃燒完畢，每個奮發向上的老師我都十分肯認，只是希望能夠有較周全的配套措施，才能使九年一貫課程政策走得更穩健、更長久，這也才是一個長久大計。

五、九年一貫課程改革之衝擊——家長層面

・潘教授

再來，我們來談談九年一貫課程對家長的影響是什麼？

◆ 從混亂、模糊至逐漸掌握

・林理事長

就我看來，九年一貫課程對家長而言還是一團混亂，還沒有真正的影響。因為本來就不能寄望它能馬上改變大家的觀念，觀念的改革很困難的。德國人改變一個職業無貴賤的觀念花了六百年，教育價值觀的改變恐怕花六百年都不夠。但是若今年不做明年再開始，那麼就得晚一年才能完成，所以還是要進行。我認為改變觀念本來就很難，所以有點混亂、有點模糊是正常的，家長對九年一貫的認知現在大概只認得「九年一貫」這四個字，其他大概都還不是很瞭解。不過，經過兩年試辦、小學正式實施了一年、國中今（民國九十一）年也要開始做，一路走來家長漸漸開始了解了，最起碼知道「多元差異」，懂得看到小孩的「多元智慧」、「多元能力」，懂得在現實裡找知識，懂得慢慢接受多元評量，而不要看89分與90分的差距，而是要看小孩

到底學到什麼能力？舉例來說，我大概每個禮拜都有一至兩場演講，從北到南，還有機會到金門演講，兩、三年下來我發現家長的反應有很大的成長，至少大家已經不再問「幼稚園小小班」的問題，已經可以問到「大班」、「中班」的問題了。

六、城鄉差異的困境

・潘教授

我們要再進一步追問的是，九年一貫課程主要的訴求就是十大基本能力，我們不再強調以前的分科知識學習，而要學生學習可以帶得走的能力，並且把部份的權力下放給學校來規劃自己的課程等等。但是，在這些推動的過程中我們也看到了城鄉差異，因為有些鄉村地區或者較為偏遠的地區並沒有這麼好的教育資源，他們反應學校小、老師人數少，所以他們要做的事相對就較多、負擔也非常重。

・林理事長

扮演的角色一樣多。

・潘教授

對，可是資源並沒有那麼多，例如當我們現在提倡科技、電腦資源可以融入九年一貫課程，但他們連相關設備都缺乏，我們可以明顯看到資源不均衡的狀況。以前我們責難教育體制只照顧到前三分之一的學生，犧牲了三分之二的後段學生，那麼就一個家長而言，您會怎麼看待這一波課程改革？對城鄉上的差異又有什麼看法？

◆ 正視城鄉差距、均衡資源分配

・林理事長

我想以兩個角度來看這個問題，一個角度是從教育的服務者，也

就是教育部、教育局等官方行政角度來看這個問題，它必須正視城鄉差距，然後在資源上做適當的調控，讓城鄉的差距稍微平衡一點。所以從這個角度來看，我承認城鄉差距的存在。

◆ 以有限的資源開發無窮的潛力

• 林理事長

　　從另一個學校經營者的角度來看，我便認為城鄉差距應該不存在。怎麼說呢？別人可以以體諒的眼光看我們，但我們自己不能以體諒的眼光看自己，自己必須要爭氣。台灣人有一句話說：「一支草一點露。」下一句叫做「待久了會分到兩滴露水」，所以條件不好就會分到不一樣的資源。例如南投山區有一個學校，九二一重建之後，也開始開發所謂的多元才藝，山區學校不可能教小孩拉小提琴，不可能教小孩學鋼琴，但是學校從校長開始，全員出動學口琴，這是由一個老師發動，然後帶著校長、主任一直到工友，全校共十幾個教職員全部都學口琴，然後開始教學生，經過不到兩年的時間，這個學校的口琴隊已經可以表演了，這當然也算多元才藝。

• 潘教授

　　自己尋找出路。

• 林理事長

　　口琴百來塊吧，萬把塊的樂器負擔不起，可是百來塊就可以了。所以學校可以找到自己的出路，可以找到自己的方法。有一個位於海邊的學校，它覺得開發本位課程有點困難，不過這個學校很特別，就座落在海邊，校長笑說坐在辦公室裡，魚桿甩長一點就可以吊到魚。這個學校的資源當然不豐富，那該怎麼辦呢？於是他們把海洋文化、漁村文化做為教材裡的重要部份，開發出一個相當重要的漁村文化教材，而且讓學生在這之中覺得被肯定，這些都是多元才藝。有人曾說：

「我們如果只看到學才藝這件事情的話，其實是很悲哀的。」我們應該看到的是不是才藝本身，而是他在學才藝的過程中究竟學到什麼內歛、內化的特質？這才是重點所在。所以，我認為城鄉差距是可以透過各種不同的方式來導正的。

七、多元評量與家長參與

• 潘教授

還有一個重要課題，即九年一貫課程改革中一直強調的多元評量，事實上以前推動開放教育的時候，已經呈現出這個問題。有些父母向我反應九年一貫課程要家長多參與、要為孩子的沉重負擔分攤點責任，可是這之中就涉及一些問題，例如有些社經背景比較不利或較弱勢的孩子，他們的父母親沒辦法有這麼多的參與時，就可能影響到他們的學習以及成績，您對這個問題的看法如何？

• 林理事長

學校不是有一個「課程發展委員會」嗎？家長應該要走進課程發展委員會裡面，體諒其他社經背景較弱勢的家長對某些問題的看法，並理解這些教材與評量對孩子會有什麼樣的困難。例如，有一個學校給小朋友的作業是，請你的家長帶你參觀派出所（因為他們剛好課程講到派出所），有一個小孩回家了，他告訴爸爸說要參觀派出所，爸爸馬上翻臉，為什麼翻臉？因為他爸爸有前科，他打死都不去派出所。所以當老師設計這個題目的時候，是不是可以換個方式？而當家長參與課程發展委員會面對這樣的課程設計時，他可不可以提供一些想法？如此，則多元評量與教學設計應該會更周全。

• 潘教授

學校評量常有制式的要求，設計很多「一樣」的學習單，扭曲了

多元評量眞正的意涵。所以老師如何能夠眞正體會多元評量的精神，並眞正落實它，是非常重要的。

•林理事長

　　所以我在書裡曾經提過「新瓶裝舊酒」的名詞，即所謂九年一貫只不過是換個包裝罷了，如果是這樣，那麼九年一貫就沒有意義。九年一貫要改的是教育的本質與內涵。

八、結語

•潘教授

　　我們今天非常高興可以邀請到台北市家長教育成長協會林文虎理事長，來到我們的一週教育論壇從家長的觀點談九年一貫課程，下次我們還要繼續就這個議題請教林文虎理事長。

九年一貫課程改革之家長觀點（下）

主持人：潘慧玲（國立台灣師範大學教育學系教授兼教研中心主任）

與談人：林文虎（台北市家長教育成長協會理事長）

論壇日期：2002 年 5 月 12 日

✳討論題綱✳

【九年一貫課程之家長觀點（下）】

一、前言

二、學生學習成效

◆ 擺脫分數的緊箍咒

三、家長成長團體實際推動情形

◆ 讓家長實際體驗九年一貫課程改革
◆ 愛烏及烏的天使

四、課程改革中家長的參與

◆ 與會「課程發展委員會」
◆ 提昇教育素養為參與的前提
◆ 教師專業與家長參與應合作協同

五、台北市家長教育成長協會的貢獻

六、結語

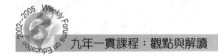

一、前言

‧潘教授

　　這幾個禮拜以來，我們分別從督學、校長、老師以及家長的觀點來談九年一貫課程，今天繼續請台北市家長教育成長協會林文虎理事長來到節目中，從家長的觀點來談九年一貫課程的實施。上個禮拜我們談了九年一貫課程對學校、老師、家長產生的衝擊，身為家長可能會思慮到底學生是不是可以從九年一貫的課程設計中學到必備的能力？也從多元評量的觀點來談社會正義的問題，探討是不是每一個孩子都能夠被公平的對待。今天，我們想進一步了解，在講求多元能力、多元評量的教育下，家長會不會擔心知識沒學到、能力也沒學到？因為能力的基礎是知識。現今九年一貫課程所強調的是帶得走的能力，身為一個家長，您怎麼看待這個問題？

二、學生學習成效

‧林理事長

　　要自己學著長大，不管學校也好、家長也好，都只是成長的助力罷了，應該把成長的重責大任往自己肩上攬。再者，為什麼要推動九年一貫，為什麼不用以前的舊教法、舊教材，因為以前舊的教材教法與現實脫節，孩子可能學了很多的知識，但是不能用，所以現在要把它變成可用的能力。於是教育部就編了一大本厚厚的、像電話簿般的「可用」的能力指標。

‧潘教授

　　你對於含納了許多能力指標的九年一貫課程綱要瞭解有多少？

‧ 林理事長

我知道的不多，老師能用的也不多，那本太厚了，不過它倒是點出一個方向。所以我跟老師和家長說，若要妥善利用這本能力指標，必須先消化、轉化它，從中找出一些想法，轉化成你要的東西，如此你便能知道教這一門課、這個單元學生需要學到什麼能力，這對教學或家長是有幫助。

◆ 擺脫分數的緊箍咒

‧ 林理事長

不過，我認為如果沒有辦法使家長改變對分數既有的刻板觀念，一切就變得徒勞無功。我常講一個趣事，我問家長，如果有一個孩子拿 97 分的考卷回來，你最先看到的是什麼？很多人都承認會先看到少掉的 3 分在哪裡？如果前面找不到要翻到背面去找。97 分像山那麼高，3 分像石頭那麼小，而許多人會去找那個石頭而看不到那座山，這是很怪異的事。亦即如果心態沒有辦法調整，那麼講多元評量也好，談多元社會也好都是無用的，談帶得走的十大能力也都是假的。現在九年一貫課程要做一個叫「敘述性評量」，我認為絕大多數家長不能接受這種評量方式，即便是看懂了也不能接受，但是我們還是必須慢慢去做，否則教育一點生機都沒有。我一直希望老師或行政人員在做多元評量或敘述性評量時，向家長解釋清楚為什麼要這麼做；至於家長也必須認知到未來小孩所需要的能力與我們那個年代大不相同。以前，我們都是大時代裡面的一顆螺絲釘，在學校裡學得再好都沒有用，出社會後只需要會轉螺絲釘就可以過一輩子。但是將來不同，將來每個小孩踏出社會的時候，必須是一個完整的個體，他不會是大時代裡的一顆螺絲釘，而是一個能獨立行使能力的人，所以他必須要具備創造力、生活能力、解決問題的能力，而這些都不是以前的教育所教的。如果我們還相信分數才是最有用的話，可能會害了

小孩，我們要問自己是愛孩子還是害孩子。不過觀念的改變是非常不容易的，要很長久的時間。

- **潘教授**

尤其科舉制度深深影響我們對於考試的概念，所以現在談多元入學方案為什麼這麼不容易，其實與我們的文化傳統、價值觀都有關係。譬如孩子考試考了 97 分，外國父母會說 "I am proud of you !"（「我以你為榮！」），而我們的父母則會說：「怎麼搞的？你為什麼沒有 100 分？」這真的是有很大的差距。

- **林理事長**

還有家長會說：「沒有關係，這次考 97 分，下回要考 100 分喔。」聽起來好像是很開明、鼓勵，其實根本不是如此。

三、家長成長團體實際推動情形

- **潘教授**

因此，這是一條很長的路，讓我們慢慢來改變觀念。不曉得林理事長或者您所接觸的家長們有沒有什麼策略？您的「家長成長協會」怎麼讓家長也一起成長？如何慢慢開始轉變對分數的概念，而能夠配合教育部推動的九年一貫課程？

◆ 讓家長實際體驗九年一貫課程改革

- **林理事長**

有一次宜蘭家長團體辦了一個活動，它用了一個很有意思的主題，不是要我們到那邊研討，而是「騙你們來走走」。我覺得這個主題是很台灣、很傳統、很古老、很古典的，聽起來就很舒服，打從心裡舒服起來。「騙你們來走走」這裡面包含了謙虛、包含了許多溫情，

感覺上很舒服。我們要用這個方式先把很多家長都騙到學校裡來，因為走進來，你才有機會、我才有機會，所以我們辦了很多的研習。我們將研習分層制，剛開始時大概都只是講座，是最傳統的演講方式，因為一開始你要家長馬上卸下武裝，然後跟你一起去體驗其實是很困難的。不過他聽了一次、兩次，一段時間以後，我們會開一些實作課程讓家長來扮演老師、讓家長來扮演課程的設計者，讓他跑一跑課程設計，因為只有當他自己做的時候，才會真正瞭解所謂「多元差異」、所謂「十大能力」是什麼東西，如果他不去設計一堂課，他怎麼知道什麼是「十大能力」，他不過聽聽就忘了。我常常說：「從位子站起來就忘了三成，走出門口又忘了三成，回家鍋碗盆瓢拿起來又忘了三成。」所以他自己跑過一趟以後，至少會知道什麼是「十大能力」、什麼是「多元差異」、什麼是「多元評量」，獲得一點概念，那麼將來他在看小孩的成績或面對小孩的功課時，縱然他沒有辦法幫小孩設計一套很棒的課程，他也知道孩子在玩什麼東西，如此便比較容易有同理心，容易與孩子站在同一成長陣線。

另外，我們也藉著這個方式產生一些教材，這些教材不是要拿去賣，而是要成為家長與家長之間互相研討的工具，所以我們從七大領域裡選擇一個主領域來設計，然後找一個活動搭配，例如詢問家長「小朋友最喜歡的是什麼活動？」家長大多異口同聲說是慶生會，於是我們以「好想過生日」編了一本教材。另外，例如小朋友最喜歡什麼東西？最喜歡的動物是什麼？我發現小朋友很喜歡恐龍，雖然恐龍已經不存在、也未曾見面的動物，但是他們還是很喜歡，那麼我們就以恐龍當主角編了一本教材。諸如此類將小朋友喜歡的、愛的、能接受的東西納進教材裡，讓家長與老師一起來操作，經過這個歷程後，家長對九年一貫的體驗會比較真實。基本上只要家長願意成長，我們都願意效勞。

- **潘教授**

像這樣一套讓家長實際體驗、學習的研習課程，通常是哪一類的家長會來參加呢？

- **林理事長**

都是不需要來參加的家長來參加。

- **潘教授**

這是很不容易的。

- **林理事長**

這個社會很有意思，辦成長活動時來的遠永都是那些沒有問題的家長；而比較需要、比較有問題的家長他永遠都不會來。

- **潘教授**

這就是我們的困境。

- **林理事長**

老師也是一樣，辦教師研習營時，永遠都是那些不需要的人才來，需要的人是不會來的，這是我們目前很大的困難。雖然如此，當對的群眾越來越多時，不對的那一方就會漸漸地弱勢，當這個對的這一方根紮得越深的時候，不對的那一方也會漸漸地比較不那麼牢靠了。

◆ 愛烏及烏的天使

- **潘教授**

但是這也會產生另外一個危機，經常參與學校活動的家長，一般來說大多屬於中上階層背景的家長，而很多中下階層家長的聲音是沒有被聽到的，他們也無從著力來幫助學校發展。家長成長協會怎麼解套這樣的問題？

- **林理事長**

　　我曾與我們的幹部分享說：「我們不能扮演上帝，但是我們可以扮演天使。」亦即，一個小孩對於他要出生在什麼家庭是一點選擇的機會都沒有，而我們也不能代替他的父母。當然如果國家能夠在家庭教育法裡立法，規定家長一定要參加教育成長、教育研習的話，那法院就可以強制執行，但是目前是沒有的。不過，雖然我們沒有辦法扮演上帝來代替他的家長，但是我們可以扮演天使，亦即如果學校家長會能夠變成成長型的家長會、學習型的家長會，那麼它就可以照顧到那些弱勢家庭的小孩。我常常告訴家長會的朋友說：「如果你只想照顧自己的小孩，根本不必出來當家長會。因為你是沒有問題的、是OK的，照顧你自己的小孩綽綽有餘。今天站出來，就代表你要照顧其他的小孩、照顧更多弱勢的小孩。」所以，家長會的目的應該照顧的不是家長會主力幹部的、會長的、委員的、愛心媽媽的、成長團體的小孩，你要照顧的是弱勢家庭的小孩，如果你能夠照顧到那些人，這才是家長會的本意與最重要的任務，如此當然就能扮演所謂的天使，它就能彌補那些家庭的不足。

- **潘教授**

　　這是你們學校實際在做的嗎？

- **林理事長**

　　對，其實不只是我的學校，有蠻多的家長會在做這樣的事情。

四、課程改革中家長的參與

- **潘教授**

　　那麼我們繼續來談，在整個九年一貫推動過程裡，你認為家長可以參與些什麼？

◆ 與會「課程發展委員會」

・林理事長

　　學校家長可以參與的部份確實蠻多的，他可以參加全校性的「課程發展委員會」。有些學校家長會發現所謂的課程發展委員會只有三或五席家長代表，家長代表並不多，一個學校有八百至一千個家長卻只有三、五個可以參加。可是別忘了，課程發展委員會下面還有七個領域，每一個領域又各有不同的年級，若以國中計算的話，幾乎有二十一個子團體，國小就更多了，會有三、四十個子團體，按照這樣子細分，保守估計有十幾個子團體，如果每一個子團體都容許兩位到三位家長代表的話，就有很多家長可以參與了，而且願意參與的家長都不一定能夠完全占滿那個位子。

◆ 提昇教育素養為參與的前提

・林理事長

　　不過，我有個建議是，當家長參與前一定要設法找到機會讓自己成長，讓自己對九年一貫的基本精神、基本想法、基本架構、基本做法有一點認識；再者，有很多家長抱著這種心態，認為學校性的會議他不想參與，只想參與孩子的班級。如果只要愛自己的小孩、自己的班也沒有什麼關係，自己的班級也有很多課程設計、空堂或空白課程需要家長下一點工夫。從「班親會」開始多提提課程的問題，多跟老師做課程的對話，然後慢慢地走進空白課程的經營，像晨光時間等等，自己試著了解所謂九年一貫到底是怎麼一回事。之後，當學校辦理所謂九年一貫統整課程時也不要放棄機會，假如可能的話，就讓自己班級的家長成為一個小團體，必要的時候跟老師互動。如果還有機會可以找社會的成長資源，例如我們的協會就可以提供協助，而高雄市教育局網站、教育部網站、台北市教育局網站等等，都有九年一貫的專屬網站，可以進去找你要的資料，然後大家一起分享、一起討論，

讓這一群人一起成長，我想這對小孩是有實際幫助的，因為未來老師做任何新措施時，例如他要進行敘述性評量或多元評量時，比較不會碰到那麼多的阻力。

◆ 教師專業與家長參與應合作協同

• 潘教授

這就涉及到我進一步想要問的問題。剛剛林理事長提到家長可以參與學校課程發展委員會或者各領域小組，可是在我們原本的觀念裡，教學是老師的專業，所以參與課程設計是他們應盡的責任，至於家長並不是教育專業，所以您認為家長應該怎麼去參與課程發展委員會？

• 林理事長

我認為要抱著一個學習的心！畢竟九年一貫課程是我們成長過程中從來沒有碰過、也從來沒有想過的一個領域。再者，抱著一個協助者的心態，亦即我進去聽聽看，他們談這個東西對小孩是不是真的有用？如果有用我能夠提供什麼協助？日本有個節目叫做「以百工為師」，我認為那是個很棒的理念，如果我們容許以百工為師，那麼我認為每一個家長就有足夠的能力進入課程發展委員會或是領域小組，他都可以成為教職員的資源與支持。因此，我認為家長先謙虛地來學習並協助，這樣老師比較能欣然接受，並且老師也能藉著家長多元的社會經驗，來體驗社會百態，而不是只從報紙、電視上，或從左右鄰居那裡聽到。如此一來，老師也可以從家長身上做到「以百工為師」，那麼他的教材就更豐富、教學就更多元了。例如這一次課程要教木工，老師哪會木工，但如果家長裡面有一個是從事木工工做，「欸，你來幫我一下嘛。」「我都不會教呀。」「沒關係，你不用教，你來做示範，我來講。」這也算協同教學。

- 潘教授

您談到的是一個協助者的角色，可是，如果家長正式進入課程發展委員會，也變成委員之一的時候，其角色扮演可能會不太一樣。

- 林理事長

課程發展委員會極少用到票選與表決，也極少兩造對立。在學校教育文化裡，大部份是協商以及互相討論。再加上進入課程發展委員會的家長並不會太多人，大概只是會長或者是幾個推選出來的委員，他們從家長代表、到家長委員、到會長，一路走來應該已經經歷過一番歷練，所以就教育認知來看當然不能跟老師比，但是也應該相去不太遠，至少能夠在一個平台上對話。而在領域小組裡面可能比較沒有這麼高層次的對話，不過就一個協助與支持的角色而言，我認為家長是可以扮演的。

- 潘教授

親師之間的合作是一件很微妙的事，即使在美國，也有很多的問題與衝突，他們的親師合作比我們要來得多。以我本身的經驗而言，當我自己的孩子念小學時，我曾擔任家長委員，對於他們的英語教學著力甚多。當時我擔任英語科教學召集人，協助英語老師專業成長，甚至到教室裡看英語老師的教學。可是，我一直有個想法，認為教學視導應該是學校而非家長的任務，除非學校要借重我們的專業，我們才方便做這樣的事，否則就教育專業而言，家長與教育專業人士之間的角色還是要有所區分。雖然我自己學的是教育，但是身為家長，在參與學校校務運作時，仍十分留意分際的拿捏，提醒自己要很謙虛地作為一個協助者。不過，就教師而言，如果能以百工為師的心情來學習，如此家長、教師雙方便能協同合作，幫助孩子成長。這一路走下去雙方都會進步，所以我認為九年一貫課程提供了一個很好的平台，讓家長、老師、行政在其間鍛練，最後結果將有利於學生。

五、台北市家長教育成長協會的貢獻

· 潘教授

　　林理事長主要負責台北市家長教育成長協會，那麼我們進一步再來談談協會在整個九年一貫課程推動過程中做了些什麼？

· 林理事長

　　我們一開始試著辦跨領域、跨場域的研習，比如「淡水河兩岸九年一貫親師研習」。它有兩個意義，一個是同時接受家長和老師一起參與研習，第二是同時讓台北縣市、基隆市一起參與研習，因為當時台北市和台北縣的教育氣氛不是很融洽，我們希望能藉此融合他們。像這樣的活動我們辦過了幾場，另外也在幾個社區大學，例如基隆社大、台北縣市的社大也開了一些研習課程，還有我們應各家長會的邀請，到各家長會辦了一些研習課程，也在陽明山的教師研習中心辦了一些課程。最後，我們邀請國中、國小十三個學校成立了一個「課程開發團隊」，邀請家長和老師一起開展課程，並編輯成四本書以供參考。

六、結語

· 潘教授

　　最後可不可以就家長的觀點來談對九年一貫課程的展望？

· 林理事長

　　首先，我對家長的展望是希望家長放輕鬆，教改沒有那麼可怕；其次，老師應該坦然地去接受變革，社會在變、需求在變，而老師也非變不可，不變就無路可走了。

• **潘教授**

　　今天感謝台北市家長教育成長協會林文虎理事長來到節目中說明了家長成長團體的實際推動情形、課程改革中家長的參與以及台北市家長教育成長協會的貢獻，讓我們對於家長在今日學校教育中可以參與的角色以及可以著力的面向有更清楚的瞭解。

第二篇：

九年一貫課程綱要

之解讀

九年一貫課程綱要之詮釋

主持人：潘慧玲（國立台灣師範大學教育學系教授兼教研中心主任）

與談人：姚素蓮（台北縣思賢國小校長、教育部國民中小學九年一貫課程推動工作小組研究發展中心委員暨台北縣中小學校長協會理事長）

論壇日期：2004 年 7 月 25 日

❋討論題綱❋

【九年一貫課程綱要之詮釋】

一、前言

二、九年一貫課程綱要的緣起、特色與困境

◆ 緣起：吳京的「不重複、教得順、一以貫之」
◆ 特色：帶得走的能力、因應知識經濟世界潮流
◆ 困境：課程銜接與配套措施

三、課程標準與課程綱要的差異

◆ 課程標準明確、固定、一致，卻較僵化
◆ 課程綱要彈性、開放、多元，卻難銜接

四、課程綱要現階段的實施爭議

◆ 八十九年暫行綱要與九十二年課程綱要的差異不大
◆ 彈性節數的使用效能不彰
◆ 課程統整的理念了解不清

五、統整課程的實施方式

◆ 學習經驗的統整，而非大雜燴
◆ 借鏡日本「綜合學習時間」安排綜合活動與彈性學習時間

六、結語

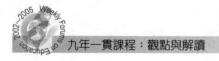

一、前言

• 潘教授

　　八十八學年度開始，教育部遴選兩百所國民中小學進行試辦九年一貫課程；八十九學年度增加一百三十四所試辦學校；到了九十學年度，開始在國小正式實施，九十一學年度在國中正式實施，至今已有數年經驗。

　　然而，學校現場對於九年一貫課程綱要內容的瞭解不清與使用狀況不彰的情形，仍時有所聞。因此，今天我們將探討九年一貫課程綱要的使用，一方面讓大家瞭解九年一貫課程的要義，一方面也讓老師能夠掌握這波強調學校本位與教師專業自主的課程改革，並在學校場域中有效運作。

　　很高興請到台北縣思賢國小姚素蓮校長，姚校長目前擔任教育部國民中小學九年一貫課程推動工作小組下的研究發展中心委員，同時也是台北縣中小學校長協會理事長，本身具有豐富的學校課程發展經驗。

• 姚校長

　　我擔任校長工作已有十七年了，十七年來，我一直在教育工作領域上關心學校教育的政策面、法規面或課程方面的研究。雖然沒有成就，但是我一直十分關心學校的課程發展。因此，在這波九年一貫課程開始時，我便參與了第一波的試辦。一路走來有一些心得、一些成績，以及瞭解到實施過程中產生的許多困境。不過，我經常覺得唯有做了、瞭解了，並且發現困境，才能夠加以反應，相信這個歷程對於台灣教育的整體發展會有所幫助。

二、九年一貫課程綱要的緣起、特色與困境

◆　緣起：吳京的「不重複、教得順、一以貫之」

• 潘教授

　　研究發展中心出了一套有關九年一貫課程的基礎叢書，是高雄師範大學林生傳教授協助編輯的。當時的教育部長吳京也在其中寫了一篇文章，他認為國民教育階段中小學教材有部分重複的現象，有些部分則太艱深了，因此當時延請李建興次長召集專家學者一同檢視，後來發現有三成的教材反映了這樣的問題。於是，便定下了一個原則：「不重複、教得順、一以貫之」，而這就成為九年一貫課程的由來。

• 姚校長

　　基本上，如果從日本人佔領台灣時算起，台灣辦理學校教育的基礎可謂有一百多年。的確，這波課程改革與過去大大不同。過去中小學普遍訂定「課程標準」，有小學的、中學的，還有高中課程標準，分別由三組人員、透過三套思維來訂定，於是也產生了課程標準重疊的情形，或者銜接上落差太大的問題，這些對於學生而言都是不合理且不應該的。其實人的成長是持續不斷的，而這波九年一貫課程改革就是基於這個理念出發，因此我十分肯定這樣的精神。

◆　特色：帶得走的能力、因應知識經濟世界潮流

• 潘教授

　　如何讓九年一貫中小學課程「教得順」，是十分重要的課題。我們看到這次課程改革有幾個重要特色：比如，養成學生「帶得走」的能力，這與以往學科設計的概念不大相同；以學習領域而不是以分科科目來劃分教育內容；強調課程統整、協同教學；以及給予學校發揮的彈性空間，以發展學校特色、學校本位課程等等。

· 姚校長

您所說的這些確實都是這波課程改革的核心，也是與以往課程改革最大的不同處，我個人十分贊同這樣的課程設計。雖然有些學校在實施後遇到一些困境，但這是因為過去我們太習慣於官定課程，上面怎麼說便怎麼做，老師只是一個執行者的角色，只要忠實執行官定課程即可，當然不必花費太多心思。但是，回想近十六年來的台灣社會，大家對於課程開放的要求聲音之大，於是政府便給予廣大國民需求與社會期許一個正面的回應，事實上，這樣的回應也合乎了世界潮流：從人類經濟體系的發展來看，自最早的農業、工業、資本主義，到現在所謂的「知識經濟體系」，強調的重心逐漸轉變到「創意」上，反映到教育政策，就是走向分權式、開放式，而非集中式的政策發展。也唯有這種開放、分權的策略，才能激發人的創意。因此，教育政策走向開放多元，反映於課程綱要上，必然也是開放多元的路。

◆ 困境：課程銜接與配套措施

· 姚校長

九年一貫課程改革的理念固然十分理想，但是在執行上，還是出現了幾個問題，需要我們加以探討改進。例如，在訂定課程綱要之後，並非採取逐年實施的方式，而是直接從三個階段切入，便造成了課程銜接的嚴重問題。舉例來說，九十年只有一年級實施，九十一年便加入四年級與七年級，但是四年級與七年級之前所學習的是八十四的年課程標準，於是課程銜接的問題就產生了。當然，歷來的課程改革都會產生課程銜接的問題，只是過去課程改革多半採取逐年實施，因此落差較不明顯，這次的跳躍卻相當顯著，造成的問題也比較大，成為這兩、三年中將面臨的主要困境。不過，這只是一個過渡問題，長期來看就不成問題了。

因此，我認為如果一個新的事務方向、思維是對的，那麼接下來

的工作就是探討如何落實其中的內容，如何備妥配套措施。配套措施包含制度面以及人員部分，譬如第一線的老師是否準備充分？目前的能力是否足夠？這些才是我們現階段真正需要探討的課題。

三、課程標準與課程綱要的差異

‧潘教授

老師是否準備充分十分重要，究竟現在有多少老師實際了解，或者翻閱過有關九年一貫課程的資料？這波課程改革與過去不同，部分決定權已經下放到學校，老師不能再秉持著以往擔任執行者的態度，擁有權力之後，就必須真的善用這些課程綱要，並加以發揮，才能營造出學校的特色，而這也正是這次課程改革以「課程綱要」取代「課程標準」一詞的用意所在，希望老師能夠發揮他們的教育專業。姚校長在這方面有許多經驗，我們先請姚校長說一下您的體會。

◆　課程標準明確、固定、一致，卻較僵化

‧姚校長

簡單來講，「課程標準」訂定時，是以學科知識為主，訂得十分嚴謹。以國語文科為例，對於一年級上學期要學會什麼、下學期要學會什麼，六年級又要學什麼，都訂得很仔細，而且不只是規定學年的課程標準，也仔細規範學期課程標準。在這樣的指標之下，不論是最早的國立編譯館官定版本，還是八十五年開始有的審定本，編輯出來的教科書都相差不遠，甚至只是例題不一樣而已。換句話說，在課程標準之下，教科書可以發揮的空間有限，不過就好處而言，在橫向上的一致性較大，對老師來說也是熟悉且具體的。

◆　課程綱要彈性、開放、多元，卻難銜接

・姚校長

　　而今，九年一貫課程採取的是綱要式的學習能力指標，並以學習階段為範圍。有的是以兩年為一個階段，有的是以三年為一個階段。以小學為例，第一個階段是六、七、八歲，看起來差三年，但實際上小孩的發育成長、心智能力卻差距很大。於是，同一個指標，有的出版社將它放在一年級，有的則可能放在二或三年級，老師在選擇教科書時，如果又不能與指標充分結合，則小朋友在學習順序上或轉學後，在課程的橫向銜接時會遇到許多困境。這是第一個難處。

　　第二個難處是，老師過去習慣忠實執行國立編譯館的教科書，但是現在卻面臨教科書的選擇，那麼他該如何選擇適合學生的教科書？是否將教科書內容與小孩的成長經驗、學習起點結合起來？現階段學校老師似乎還未有這方面的足夠知能，這是件相當危險的事。因此，近一、兩年來，我們一直加強老師的進修活動不是沒有道理的。問題是，我們能不能讓所有的老師積極參與？

・潘教授

　　剛剛姚校長特別提到，在過去的課程標準中，學生要學習哪些單元、哪些內容，都訂得非常清楚。換句話說，課程標準規範了「教材綱要」這部分。但是，現在未明確訂定教材綱要，取而代之的是「能力指標」。

　　另外，您也提到每個教科書版本對於課程綱要的安排都不一樣，可能會造成銜接上的問題。例如，從 A 校轉到 B 校，用的教材版本不同，在銜接上便會出現問題。現在的課程綱要，其中能力指標的概念與過去的課程標準是全然不同的，課程綱要的彈性大得多，因為它只要求能力的養成，並不硬性規定能力要放在哪個年級來學。不過，

學校教育還會涉及考試的問題，究竟入學考試要考什麼內容，這是大家比較擔心的一點，因此有些家長就會認為以往的教材綱要比較讓人放心。

四、課程綱要現階段的實施爭議

◆ 八十九年暫行綱要與九十二年課程綱要的差異不大

・潘教授

　　再來，我們來看整個課程綱要的編訂過程，分了幾個不同階段。第一個階段是在八十七年，先完成了國民教育階段的課程總綱綱要。緊接著，在八十九年九月底公布了《國民中小學九年一貫課程暫行綱要》。經過試辦以及正式實施之後，發現這個暫行綱要的確有些部分不夠清楚、有疑義，所以在九十二年一月十五日公布了《國民中小學九年一貫課程綱要》。那麼暫行綱要與最後的課程綱要之間，有何差異？

・姚校長

　　我個人認為這個差異點並不大。其實，讓學校現場教師最頭痛的問題，是看不懂基本能力的敘寫，究竟這些基本能力代表的意涵是什麼？這可謂人言言殊，每個人的解讀差距非常大，而這也是試辦過程中一直存在的問題。因此，後來正式公布的版本便稍微修正這些基本能力，讓敘寫的語句格式上更加一致、清楚，有幾個領域在能力指標的條文數目上，也有些增減，不過基本上變化不大。

　　如果有變化，也只是小地方的改變。例如鄉土語言，這是比較特殊的一項，過去並無這樣的學習領域，現在不但開設了，而且還是選修課，因為如此，實施上的困難也相對較多。譬如，在原先的課程綱

要學習能力指標裡頭，訂定一年級要學會標音符號，要有認、念的能力。台灣的鄉土語言有閩南、客家、原住民語言，尤其閩南語是最大族群，以它的標音符號來說，目前就有好幾套系統，那麼到底要使用哪套系統？老師有沒有能力使用？這麼小的一年級小朋友又要學注音符號又要學標音符號，到底能不能負荷？這些問題就成為教學現場爭論不休的課題。於是，課程綱要修正成為正式綱要時，便在實施要點上寫明標音符號的認、念能力可以安排在三年級，如果學校有能力，也可提前至二年級。起碼相較於之前一年級就要認、念，彈性更大了，同時也考慮到學校現場的可能需求。不過，像這樣的修訂幅度都不算大。

◆ 彈性節數的使用效能不彰

• 姚校長

其實，對於課程綱要大家較有爭議的，首先是領域節數的劃分是否合理？第二點，彈性學習節數的上下限、範圍是否過大？譬如，現在低年級的彈性學習時數有二十四節；中高年級大概有三到五節或四到六節。在上限與下限之間，相差高達三到四節，假使平均相差為三節，一年四十週就相差一百二十節，一百二十節能學到的東西其實就不得了。政府賦予這麼大的空間尊重學校的決定，學校是否能夠真正依照學生的需求加以設計？這是很值得探討的。當然，我們不能認為學習節數多，學習效果就一定高，但是如果長期的學習節數落差很大時，學習績效必定會有所影響。因此，在國家課程綱要的擬訂上，彈性學習節數有這麼大的差距是否合宜？這個問題已隨著九年一貫課程的推動而愈加浮現了。

• 潘教授

所以，可能會有另一波課程綱要的修訂？

・姚校長

　　沒有錯，這個問題確實值得繼續探討。只是，未來方向如何，需要再加以觀察。

・潘教授

　　所以，九十二年一月十五日所公布的課程綱要只是小幅度的修正，未來較大幅度的修正，預計會在九十四學年度公佈。

◆　課程統整的理念了解不清

・潘教授

　　另外，這次的九年一貫課程有一個很重要的特色是「課程統整」，這個特色曾經使得教育現場「雞飛狗跳」。於是，教育部前後行文說明現在並不強迫合科教學。原本很多學校因為「課程統整」一詞，而把一些領域中的不同科目整合在一起，使得許多老師必須教授非自己專長的科目，造成學生學習權益的受損。所以，我想請姚校長談一下，教育現場如何解讀課程統整？您覺得怎麼做比較合宜？

・姚校長

　　剛開始實施課程改革時，無論小學或中學都有「為統整而統整」的情形出現。國中社會學習領域硬是把史、地、公民合在一起，變成歷史老師也要教公民和地理，這就產生了很大的困境。而小學藝術與人文領域也發生美勞老師要教音樂、音樂老師要教美勞。其實，這些都是因為誤會「統整」意涵而出現的亂象。這樣的誤解，也出現在解讀能力指標時，很多人也是因為誤會了課程統整的意義，於是在課程發展時便先設計活動，再抓能力指標來配合。舉「流浪狗的遭遇」課程來講，老師可能會想到愛護動物、環保、惜物等等主題，然後就把幾個相關領域強行拉入。換句話說，這樣的設計就成為一直受到批評的「淺碟」問題。

五、統整課程的實施方式

◆ 學習經驗的統整，而非大雜燴

· 姚校長

經過一陣子的摸索之後，現在很多學校的老師都懂得反省且成長了。現在大家還是依照能力指標來選擇教科書，也許不同學習領域所選取的教科書版本不同，但是透過領域小組、課程小組做一學年橫向的探討之後，再依據某些特殊原因調整前後順序，就能夠做到統整。例如中秋節到了，如果語文課、自然課有接近的單元，就將這些單元調整到那個時間點上。當不同領域的授課教師都作這樣的統整時，在同一時間裡，學校教授的將是同一個大主題方向的教材，而老師們又能夠依據個人專長，給予學生充分的引導。以這樣的觀點來做教學的整合，我認為是最適宜的。總而言之，這樣的做法是拿到教材以後，站在學生完整學習的觀點來做重新剪裁。

· 潘教授

所以，您們是試著找尋某個主題，而各個領域在同一時段進行這個主題的統整學習。

◆ 借鏡日本「綜合學習時間」安排綜合活動與彈性學習時間

· 潘教授

日本在進行課程改革時，對此也有許多反省。當然，分科學習也有其知識系統化的好處，尤其人的年齡越長，認知發展進入形式運思期，知識當然就愈需要專精化、系統化，這是無可厚非的。可是，人的許多生活經驗都是統整的，所以如何幫助孩子統整學習他的生活經驗，也是蠻重要的課題。就日本來講，他們即有感於統整學習的重要，於是除了原有的分科學習之外，還設置了每星期二到三小時的綜合學習時間。我認為這是一個蠻可以參照的作法，也是我們所欠缺的。

• 姚校長

　　沒錯，我們確實沒有設置這樣的時間。我也認為日本的作法非常好，尤其孩子的年紀愈小，愈需要這樣的設計。不過，雖然我們沒有這樣的時間安排，但是學校還是可以做。以我自己的學校來講，我們會在全校整體課程規劃時來計劃綜合活動與彈性學習時間。比如規劃彈性學習時間是三節課，那麼一學期就有六十節課。在這六十節課當中，除了學校必定要做的部分之外，我們會透過學年來分配哪些是需要整學年學習的。因此，雖然目前台灣在綱要上沒有像日本這樣訂定統整學習時間，但是如果教師有課程發展規劃的理念，仍然可以利用綜合活動以及彈性學習時間來做統整學習。

六、結語

• 潘教授

　　非常感謝台北縣思賢國小姚校長來到一週教育論壇，談了很多課程綱要的訂定緣起、理念、以及與課程標準之間的差異。至於如何合宜地使用這本課程綱要、在學校中如何領導同仁、老師一起正確解讀課程綱要等這些問題，我們將會在下次論壇繼續討論。

能力指標之解讀轉化與課程設計

主持人：潘慧玲（國立台灣師範大學教育學系教授兼教研中心主任）

與談人：姚素蓮（台北縣思賢國小校長、教育部國民中小學九年一貫
　　　　課程推動工作小組研究發展中心委員暨台北縣中小學校長
　　　　協會理事長）

論壇日期：2004 年 8 月 1 日

❋討論題綱❋

【能力指標之解讀轉化與課程設計】

一、前言

二、如何引導教師正確使用課程綱要

◆ 運用團體進修導正教師觀念
◆ 成立課程組織團體，促進教師彰權益能
◆ 促進教師互動與對話
◆ 進行自我評鑑與教學檔案觀摩

三、各領域節數與課程設計的考量

◆ 各領域所佔百分比的規劃
◆ 發展學校本位的綜合活動

四、解讀能力指標與選擇課程

◆ 依據能力指標的解讀來選擇課程
◆ 連結能力指標、教材與課程設計
◆ 配合身心發展序階轉化能力指標於具體教學活動
◆ 從現有教科書版本中歸納整合成合適的課程設計
◆ 多元教學評量扣緊能力指標

五、結語

一、前言

·潘教授

　　教育部在八十七年九月底完成了國民教育階段九年一貫課程總綱綱要，之後在八十九年九月底公布了《國民中小學九年一貫課程暫行綱要》。而試辦及實施過程中發現的暫行綱要諸多疑義與問題，也已復經修訂，並於九十二年一月十五日公布了《國民中小學九年一貫課程綱要》。至於學校老師究竟要如何使用這套綱要，就是我們今天所要繼續討論的主題。再次請到台北縣思賢國小姚素蓮校長來到一週教育論壇，討論學校現場裡的老師要如何實際使用課程綱要的議題。

　　如果我們翻開這本課程綱要，可以發現裡頭有些重要元素，除了我們所談到的修訂背景、基本理念、課程目標、基本能力、學習領域之外，還有總綱部分的實施要點，以及各學習領域與能力指標，我們逐一來談。

二、如何引導教師正確使用課程綱要

·潘教授

　　首先，我要請教姚校長，身為一個帶領學校團隊的校長，您如何帶領教師們來使用這本課程綱要？

◆　運用團體進修導正教師觀念

·姚校長

　　我認為觀念是否正確將會影響人的行動，所以擁有正確的觀念是最重要的。因此，當課程改革開始我們參與試辦時，我首先就透過團體的進修研習方式來溝通觀念，讓大家認識這波課程綱要的修訂緣

由、修訂內涵及理念。當老師們知道課程綱要的內涵、理念，知道為什麼要做這個課程改革之後，才有可能靜下心來理性地探討思考，也才有可能讓老師們願意去做，這點非常重要。其實，這波課程改革的成敗關鍵點，就在於老師。

◆　成立課程組織團體，促進教師彰權益能

· 姚校長

　　第二點，要讓所有老師在短時間內有相同的理解、相同的起點，是不太可能的事，因為每個人的成長背景不同，每個人的教學資歷深淺亦有所不同，看法也都不盡相同。有些教學經驗豐富者可以很快切入，有些可能還是空有想法，也許也很贊同這個方向，但是實務經驗還不足。所以，我們要在學校中找出一些引導者、種子教師，並且成立一些團體。團體組織的成立是很重要的，在課程綱要中也規範了課程發展委員會組織的成立，最基本的組織團體就像「課程發展委員會」，課發會必須與「領域小組」相結合。另外，小學最大的特色就是包班制，所以我還設了以同學年教師為主的「課程小組」，是橫向的，以一學年為單位；而課程發展委員會的領域小組則是縱向的，譬如語文領域就有一到六年級的老師團體，數學領域也有一到六年級的老師團體，是縱向層次的連結。這三個組織的成員有部分重疊，如此將有利於課程方面的聯繫、課程發展上的規劃，以及設計實施既分工又合作的建制。

　　當組織架構建構好之後，接下來是關於這些組織成員有沒有這方面的專業知能。譬如，如果我是課發會的成員，我如何規劃學校的課程？我如何決定這些領域要上幾節課？領域的節數是彈性的，譬如語文領域是二十到三十節，那麼我該決定二十、二十五還是三十節？又是基於什麼樣的理由來決定？我想這不該是一個過於主觀的認定，而

是必須經過專業對話討論後，以專業觀點來決定的。又譬如領域小組在設計課程時，該怎麼設計才能使得縱的部分有層次、橫向部分有連結？過去他們沒有這樣的能力，現在則應該要有。因此，我會透過進修研習增加他們的權能，請課程規畫或領域規畫方面的專家學者，到學校裡和老師們一起探討，從這樣的探討與實務中互相激勵，這段路我走得蠻長的。

◆ 促進教師互動與對話

•姚校長

當老師有了這個能力，漸漸地外在的力量（校外的教授，或者他校對某些領域特別有研究的教師）退出學校之後，我很重視的是學校老師間的對話。我認為課程是發展出來的，在發展的過程中，極需要老師的專業對話。我們在對話中，有時候會自說自話，你說你的、我說我的，後來他們發現這樣無助於事，於是開始思索理想的對話方式。而我也必須在行政上提供老師們時間與空間，小學通常在星期三下午會有共通的時間，所以從八十八年開始試辦時，我們就在星期三下午集體進修。尤其是低年級老師，都會在下午沒課的時候就進行課程對話，爾後再以低年級老師的經驗帶動中高年級。我覺得這個對話過程是非常重要的。當然，在對話過程中，勢必要好好翻閱課程綱要，好好地討論討論。我記得當時政府給我們的課程綱要本子是不足的，我們學校老師有一百二十幾位，教育部只給我們幾十本，我們就用自己的錢印製了全校人手一冊，老師要離校還必須列入移交。我們讓老師們人手一冊來研讀它，並進行討論，經由這樣的歷程，我相信我們的老師是不斷在進步的。

•潘教授

在您們學校裡，老師們都翻過並且讀過這一本課程綱要？

- **姚校長**

是翻過、讀過了，至於瞭解多少則是另外一個層次。我並沒有因為政府給我不足的份量，就只發一個學年一本，或者只有課發會小組有，其他人沒有，或者放在圖書室供借閱，而老師卻不見得有時間去借，因此我乾脆重新印過，人手一冊。另外，我規劃了時間與空間，讓不同的人在不同的點可以有三個小時的時間對話。透過這樣的對話歷程一起討論以取得共識，接著才進行課程的規劃與設計。哪怕他所選的教材是教科書，他還是能夠根據學生能力在教科書的教材裡作增刪或者整合，這些都可以在課程設計時一併解決。

◆ 進行自我評鑑與教學檔案觀摩

- **姚校長**

課程設計完畢、實施以後，應該要有評鑑。我們學校早在九十年時就已經做自我評鑑。當時，我們的評鑑指標大約規劃了六個向度、三十幾個指標。其實，我不稱之為「評鑑」，我只把它當作所謂的「自我檢核」，讓老師們在實施一年後，以檢核表來自我重新反省回饋，檢視勾選自己完成了多少項目。第二年實施之後也要做，不過希望上面能夠留下老師的名字。由於目前尚未有法源依據，所以我們只是一直在做自我評鑑，同時也希望老師們能夠建制教學檔案，以進行教學檔案的觀摩。其實，每年我都會安排一個時間，鼓勵老師把他們所作的教學檔案拿出來互相觀摩，雖然不是所有的老師都會這麼作，但是以我這幾年的觀察，發現製作教學檔案的老師愈來愈多，有的人還不只是一本檔案，而有兩到三本之多，有愈來愈新的作品出來了。我一直認為課程的發展並非一蹴可及的，但若方向正確，老師們是願意跟上腳步的。

・潘教授

　　我們經常說課程發展不是一個「事件」，而是一個「歷程」。我大致歸納一下您提到的重點：首先，您會帶領同仁做觀念的引導、組織的設置、人員知能的加強、成員間的對話，並且提供組織成員必需的資源，譬如時間、空間等等，最後促使老師們進行自我的評鑑。

三、各領域節數與課程設計的考量

・潘教授

　　進一步，我想請教姚校長的是，我們可以看到課程綱要裡的學習領域和學習節數是連結在一起的，而您也特別提到關於各領域裡到底要設定多少節數的問題，是牽涉到老師專業知能的發揮。因此，以您們學校來看，當時在節數方面的對談時，考量點是什麼？最後出來的結果又是什麼？

◆　各領域所佔百分比的規劃

・姚校長

　　以我們學校來說，語文領域一直是排最高的節數，老師們在討論的時候，也都認定語文工具在小學階段是最重要的，因此我們的語文領域佔百分之三十。而數學領域的上課節數也很高，語文與數學領域分別是語言邏輯與數學邏輯，因此數學的結構訓練也十分必需，兩者我們都是排最高節數，一個是百分之三十，一個是百分之十五。至於自然學習領域，我們採取的是高標（其中有一學年不是高標），社會科則是中標，其他的就設定在下標，也就是百分之十至十二之間。每個學年的每一科總時數並非完全一樣，基本的共同點是一到六年級的語文領域、數學領域都是最高的，而絕大多數學年的自然領域也是最

高，社會領域則是中標，其他幾個便傾向下標。不過，低年級的藝術與人文領域比其他年級高一點。

- **潘教授**

為何您們會如此決定？是不是要促使學校發展某一方面的特色？還是有其他原因？

- **姚校長**

就語文與數學領域而言，老師們確實是因為認為這些是工具學科，對孩子的發展很重要，因此當然不能忽視，因而採取最高標。另外，我剛才也舉了藝術與人文和綜合活動的例子，這些領域不是每個學年都列為低標，有的學年會高一點，例如低年級的藝術人文領域就列得較高，這是因為我們認為小學一年級的小朋友才六、七歲，這些孩子非常需要這方面的陶冶，這與發展學校特色倒是沒有什麼關聯。

◆ 發展學校本位的綜合活動

- **姚校長**

至於我們學校特色的發展，是擺在綜合活動時間裡頭，我們仍然保留傳統的社團活動時間，讓小朋友依據他的性向，選擇不同的社團。除了一般社團以外，我們學校還有一些重點式的社團。重點式社團的學習時間不必然安排在學校學習時間裡面，也可以安排在早上時間、下課後的時間等等。譬如，我們的弦樂團、大鼓隊就是安排在學校時間之外。我們知道新莊有個仁和鼓場，是全台灣最有名的鼓場，不過很可惜的是，雖然這個傳統的鼓藝在新莊，但新莊的小朋友卻不會打鼓。因此，我就在這一波課程改革中，提出了一個口號，「讓新莊的孩子打新莊的鼓，傳承台灣傳統鼓藝」，因此我們就有了這個鼓隊。我們的鼓隊結合了類似「社區有教室」那樣的課程，練習的時間則利用星期六下午。雖然這是我們學校的一個特色，卻是採取社團的

形式出現，授課練習的時間也不必然列在學習領域的節數當中，這是我們的作法。

四、解讀能力指標與選擇課程

・潘教授

我們進一步要談的是能力指標的選用與如何協助老師選擇教科書。前面姚校長也約略提過，能力指標對發揮老師專業自主是非常重要的。是不是請您進一步來談談您如何在學校裡各個領域小組中引導討論？如何解讀能力指標？如何選擇適當的教科書？

◆　依據能力指標的解讀來選擇課程

・姚校長

一開始，我鼓勵老師算算該領域的能力指標有多少條，然後試著以主觀來詮釋。也許這樣做不夠嚴謹，但是在當時我們對能力指標尚有疑慮的時候，我就鼓勵老師來看能力指標，而不要一開始就讓他們害怕接觸這些東西。於是，我們進一步試著把能力指標平均分配到各個年級、上下學期，之後再試著根據指標來選擇教科書，依據教科書涵蓋指標的多寡，來決定選擇的優先順序。

◆　連結能力指標、教材與課程設計

・姚校長

其次，當我們做好教科書選擇之後，能力指標與教材、課程設計之間必須相互連結。雖然我們選擇的教材已經設計好與能力指標連結，但是當我們實際回歸教學現場時，還要進一步讓教學活動更切合重點，就得考驗我們的老師是不是能夠確實掌握能力指標了。所以，我一直鼓勵老師在實際授課時，還要把原先的課程標準再拿出來翻

閱。

◆ 配合身心發展序階轉化能力指標於具體教學活動

・姚校長

第三點，我也請他們多研究、閱讀孩子的身心發展特點。譬如，低年級小朋友主要是發展大肌肉的動作，那麼在健康與體育領域的課程設計就規劃較多的大肌肉動作。又例如，語文領域的能力指標裡頭有個「希望能分辨並欣賞作品中的修辭技巧」，時間大概在高年級，那麼我們應該如何分析、解讀這句話？我們透過教師討論，談到作品的欣賞、了解與修辭必須經由模仿運用才有效果，有的老師則說這個觀察能力的培養可以透過視覺、聽覺、嗅覺、摹寫等等來達成。另外，老師們也會在這樣的討論過程中提到如何把教材轉換成教學活動等等，這些都是能力指標的解讀與轉化過程。

能力指標的敘寫方式有三碼、四碼，其中再根據學生的人格、身心發展加以細分。譬如「描述自己與自己相關的人事物」指標，在我們細分能力分標時，如果是針對一年級小朋友，範圍就很寬廣，但是我們必須抓出一、兩個重點。我們細分之後，決定讓小朋友先認識自己的身體，什麼是眼睛？眼睛的作用是什麼？什麼是手？其次，能不能描述自己的身體？初步外觀與他人有什麼不同？換句話說，這條能力指標我們可以從外在談到內在，但是如果是針對低年級小朋友，便鎖定在外在，並轉化為一、兩個教學活動，而這個過程就是把看起來相當抽象的能力指標具體化，至於如何具體化為教學活動，以及轉化後的內涵，這些都是透過討論而來的。

◆ 從現有教科書版本中歸納整合成合適的課程設計

・潘教授

通常老師們一看到這麼多的能力指標，都眼花撩亂了，您是如何

引導他們從看似複雜的能力指標中得到中心宗旨？如何引領他們用心體會能力指標的內涵？

● 姚校長

　　從教科書的編輯角度來講，是由一個能力指標、一個核心概念來發展，是一種「演繹法」；但是教學現場上卻是一個「歸納法」。我們剛才也提過，現在所謂的教科書其實可以稱為老師的「參考書」，因為老師在這一波課程改革中就是一個課程的「設計者」，雖然大家還是從這些教科書中做選擇。我認為現階段比較實際的作法是讓老師將所選擇的教材歸納、整合成為最適合學生的教學活動。通常教科書已經告訴你課程配合了哪些能力指標，所以我們必須將這些能力指標加以具體化，而在具體化的過程中，不可否認老師的教學經驗很重要。這又牽涉到人的問題，例如組織的建制。譬如，課發會的成員不應該是剛畢業的老師，領域小組的召集人也不宜由剛畢業的老師擔任。這並不是指年輕的老師不好，而是教學經驗、智慧的累積確實不是一朝一夕形成的，所以若由有經驗者來當召集人，必定更能全面地考量教育現場的實際問題。

◆　多元教學評量扣緊能力指標

● 潘教授

　　除了剛剛提到的教科書選擇以及課程組織運作需要資深教師之外，另一個老師們非常關心的議題就是教學評量。在教學評量方面，您們是怎麼作的？

● 姚校長

　　事實上，「教學評量」與「能力指標」是不能脫節的。過去，很多人會把課程設計當一回事，評量又是另一回事，這樣是不妥的。因此，在教學評量方面，我們會一再提醒老師拿到教學能力指標時，必

須考慮學生的學習歷程，因為每一個學習能力指標是不一樣的，有些可能重視記憶、有些重視理解、有些則是有程序的。在瞭解認知的歷程以後，還要反思我們究竟期望學生達到什麼樣的程度？而這也就是評量設計的意義所在。現階段我們除了以這樣的理念與老師們溝通以外，他們定期考試的題目也會由教務處教學研究組稍微過濾，若覺得有疑慮，就會和老師討論，有時候我們也會透過課發會來從旁協助。

・潘教授

您們如何鼓勵老師以不同的方法評量？如何運用多元評量？

・姚校長

首先，老師們必須願意改變。換句話說，觀念的改變是很重要的。當然，紙筆測驗仍是很重要的評量方式，不過有越來越多老師在評量學生時，確實做到了多元評量。我們學校有幾個自然老師，他們的考題非常靈活，都是採取多元評量的模式，譬如操作、實作、回答，甚至是主題式的整年觀察，之後還可以寫成像小論文一樣的報告。以我的鄉土語言來說，每一年都有所謂「遊戲式」、「闖關式」的評量，尤其在中低年級相當普遍。

五、結語

・潘教授

感謝台北縣思賢國小姚素蓮校長來到一週教育論壇，談論怎麼樣帶領學校、帶領老師使用九年一貫課程綱要。這其中有很多細節值得我們進一步仔細思考，譬如學習領域中學習節數的安排、課程實施的組織架構及運作、教材編輯審查與選用、課程評鑑、教學評量等。希望藉由這樣的討論，能夠讓教師和關心教育者對於九年一貫課程有更

清楚、深入的了解。為了讓聽眾朋友對於九年一貫課程綱要中的能力指標多所認識，自下週起節目將陸續針對此議題作介紹，除作整體性的分析外，亦就各學習領域作探討，說明如何進行能力指標的解讀與轉化。

九年一貫課程能力指標之解析

主持人：潘慧玲（國立台灣師範大學教育學系教授兼教研中心主任）

與談人：林世華（國立台灣師大教育心理與輔導系副教授）

論壇日期：2004 年 9 月 19 日

※討論題綱※

【九年一貫課程能力指標之解析】

一、前言

二、學習成就的評量

◆ 從教育經驗、專家模式或能力指標來了解
◆ 評量的向度：知識導向、能力導向

三、能力指標的運用方式

◆ 依據能力指標進行課程設計與教學、編撰教科書、入學考試
◆ 澄清教育目標作為教育歷程的鵠的

四、能力指標解讀的困境與「二維度」

◆ 能力指標解讀、應用的困難
◆ 以二維度概念分析能力指標的撰寫
◆ 二維度：知識向度與歷程向度

五、能力指標的運用

◆ 以六類認知類型與四類知識類型之雙向分析表來歸類

六、結語

一、前言

· 潘教授

　　九年一貫課程強調培養學生「帶得走」的能力，因此，在課程綱要中明訂了十大基本能力，各領域也訂定許多能力指標。不過，究竟學生可以從這套課程學到什麼？能力增長的情形又如何？學生的成就如何評量？原本研訂在課程綱要裡的能力指標與評量又如何連結？這些都是我們評估九年一貫課程改革成敗的重要因素，也是我們今天所要討論的重點。很高興請到了台灣師範大學教育心理與輔導系林世華教授來到一週教育論壇，他的名字我們經常可以在報紙上或廣播節目裡看到或聽到。林教授曾經擔任台灣師範大學心測中心主任，對於國內國中基本學力測驗有很多的貢獻。

　　在今天的節目裡，首先，要請教林教授，對於孩子們的學習成就，我們要如何去了解？如何作評估？

二、學習成就的評量

◆ 從教育經驗、專家模式或能力指標來了解

· 林教授

　　如果從學術的角度來看這個問題，就顯得很嚴肅了；但是若從教育上、生活經驗上來看，就是一個很一般性的問題。比如，媽媽要怎麼知道孩子的學習狀況如何？她可以從經驗上、生活上來判斷孩子的成長。但是這個問題也可以像醫生診斷病人一樣地專業，他可以蒐集許多與病徵相關的資料、體溫的資料等等，來了解病人。而對一位從事教育工作者（尤其是線上的老師）來說，其實他自己也有一些了解學生學習成就的方法，所以這個問題並不是在九年一貫實施之後才有

的，它是個一般的教育議題，平常就受到重視了。當然，專家也可以來教我們應該從什麼觀點檢視孩子的學習經驗，以判斷孩子究竟學會了什麼。九年一貫課程蠻特別的地方在於它非常重視專家模式，就像能力指標也是透過一群專家，根據專業提出來用以評鑑學生的學習。所以，其實九年一貫分段能力指標就是傾向專家模式，希望透過專家模式讓老師們知道應該以什麼標準評鑑學生的學習經驗，這就較為接近醫生診斷病人的觀點。

◆ 評量的向度：知識導向、能力導向

• 潘教授

我們過去的評量比較傾向於知識導向，而九年一貫課程比較強調帶得走的能力，偏向能力導向的，故此二導向的評量有其不同。

• 林教授

這又是另外一個很特殊的問題。我們當老師的，究竟怎麼看待學生的學習成就？看的是哪幾個點？可能是想知道學生學會了什麼？是否學會了某項知能？以學術性的語言來說，這就叫做「認知學習」。但是，除了認知學習之外，老師也很關心其他部分，比如學生想不想學、願不願意學等動機問題。另外，我們還想知道學生喜不喜歡學習這個東西，這就是屬於個人興趣的問題了。其實，關於「知不知道」、「會不會」、「願不願意」、學習了以後「喜不喜歡」、或「興趣」的問題，都是老師一直在觀察、一直很想知道的，而他們也會用過去被教過的經驗，來知道孩子是不是學會了什麼、喜不喜歡、願不願意學習。

另外，您提到能力導向的評量，其實這是九年一貫課程推出後所產生的特色，過去並非沒有，只是過去台灣的教育偏向知識導向，大家都只關心學生學會了什麼，無意間就遺漏了一些能力導向的知識。

三、能力指標的運用方式

・潘教授

剛剛林教授提到，如果要看孩子們學到什麼，其實有幾個不同的層次：一個是日常生活的觀察；一個是以系統性的指標來觀察孩子們學到什麼；另外還有一個層次，是全國性的層次，了解整個九年一貫課程政策的實施成效。如果我們把觀察的層次放在老師身上，以一個比較有系統性的能力指標來引導，那麼您認為老師們可以怎麼利用這些能力指標來進行學習成就的評量呢？

◆ 依據能力指標進行課程設計與教學、編撰教科書、入學考試

・林教授

這是一個很重要的問題，過去的傳統教學和九年一貫課程最大的不同，就在於過去是一綱一本，有統編本教科書，所以老師可以很容易地根據教科書來教學，也比較容易掌握住知識，這也是導致過去教學走向知識為主的原因，因為它比較容易掌握。九年一貫課程先後於九十年、九十一年在國小和國中全面推動，大家都知道它是「一綱多本」，教科書不再是全國統一的了，因此大家就有點擔心過去統一的時候我們還掌控得住，現在不統一了，老師教完這一本之後，還有好多本沒有教怎麼辦？家長也會有這樣的擔心，他更擔心的可能是三年以後的考試根據的是哪一本？其實，民國九十年、九十一年之後，教育部就已經指出未來九年一貫課程實施後，老師的教學不再依賴所謂的教材，而是根據分段能力指標來教學。而各領域也早於民國八十七年時，花了很多心力發展出各領域的能力指標，希望未來老師能根據這些能力指標設計教學、進行教學。當然，其中一個目的是要給教科書的出版商使用，出版商編制教材的時候，就要根據能力指標來編制。另外，它也是要給入學考試的單位使用，入學考試（基本學力測

驗）也要根據能力指標，讓教育跟著目標走，而不是跟著考試走，也
讓我們有機會澄清教育目標，不再像以往有統編本教科書時，幾乎少
有機會思考我們的教育目標是什麼。

◆ 澄清教育目標作為教育歷程的鵠的

· 林教授

　　另外，剛剛您特別提到，九年一貫課程以後，我們要孩子學習到
什麼？這就有關於九年一貫課程最抽象、最高層的目標，也就是「十
大基本能力」的培養。十大基本能力的培養是一個嚴密的過程，並不
是瞬間可以達成的。教育部大約在民國八十五年到九十年間，先後完
成了這十大基本能力，當然它還是屬於比較抽象的位階，所以對於如
何教、怎麼評，可能都會有些抓不著邊際，相較之下，能力指標就比
較具體。不管是十大基本能力還是能力指標，這些目標設立的目的，
都是希望教學前能夠先澄清目標，目標澄清之後，再根據這些目標來
進行教學與評量。

· 潘教授

　　能力指標的用處有許多，可供出版商出書用、命題單位命題用、
老師教學用，另外則是可作評量用。

四、能力指標解讀的困境與「二維度」

· 潘教授

　　我們知道林教授接受了教育部一個委託案，就是把九年一貫課程
這麼多不同的能力指標，轉化為我們評量學生學習成就時可以運用的
指標。可不可以和大家談一下您接受的這個委託案？

◆ 能力指標解讀、應用的困難

• 林教授

　　當初我們接受這個委託案時所產生的困難，和老師們當初接收到九年一貫課程時所遭遇的困難普遍相同。不管是十大基本能力、能力指標，或者是我們稱的「分段能力指標」都具有發展性，所以用到「分段」這個概念。當初這個分段能力指標是業已公佈的一份文件，指引老師們教學、指引評量者設計評量方法，所以理論上它應該是具體清楚的。然而，我們看到這些能力指標的內容之後，發現它的抽象度還是很高。所以，老師們普遍都認為就是看過指標內容，也不見得知道教學上要怎麼做、評量要怎麼進行。因此，教育部與學者們便認為應該要想想辦法，看看能不能將這些能力指標調整為讓大家一看就懂，所以就有了大量解讀能力指標的風潮。

　　於是，我們這個委託案就是能力指標解讀風潮下的專案之一，我們也試圖要知道到底發生了什麼事情。結果我們也發生了蠻長一段時間的困難，雖然我們都看得懂能力指標的內容，但是真正要依據這些能力指標來出題的時候，突然就不知道要從何下手了。如果我們有這個問題，我相信教學現場一定也有類似的問題。這問題之所以發生，和我們過去的習性不無關係。過去，老師其實不用理會教育目標，他只要把教科書帶進教室就可以搞定。現在即便帶著教科書進去，他還是會擔心只教這本教科書夠不夠？但是當他回來看能力指標的時候，卻發生了困難，他只好又會回到教科書去，使得九年一貫課程改革的原意打了很大的折扣。

◆以二維度概念分析能力指標的撰寫

• 林教授

　　後來，我們還是花了很多時間硬著頭皮去做，大概有半年到一年

的時間，隔週開一次會，討論這些能力指標究竟指的是什麼。我們發現當初這些學者在寫分段能力指標的時候，對於何謂分段能力指標彼此之間並沒有一個共識，所以各領域寫出來的內容就不太一樣。不過，我們最後發現它可以用「二維度」的觀念來解讀，因為任何一個分段能力指標都存在著動詞，譬如數學裡頭就有一個能力指標的動詞是「能了解」，後面跟著一串的名詞，如「因數、倍數、公因數、公倍數」等等，意思是這個能力指標要指引老師教導小朋友能了解因數、倍數、公因數、公倍數。這樣的一個能力指標就是一個好的指標，因為教師編教材的時候就知道要編些什麼。

• 潘教授

有些能力指標與過去蠻類似的，也很容易解讀，不過有些能力指標卻比較難以理解。您提到你們研究小組在解讀能力指標時，碰到困局，後來發現二維度的解讀方法蠻有幫助的。不過，每個學習領域在能力指標的撰寫上想法不同，語法運用也不同，有些能力指標好像就不是以您所敘述的模式來撰寫的。

• 林教授

在分段能力指標的撰寫形式裡頭，二維度是最廣為採用的寫法，其實這樣的寫法和我們傳統教育目標的寫法並沒有兩樣，一般的教育目標都是以動詞加名詞的形式來陳述。當然各領域對於分段能力指標的基本解釋是有所不同的，有些領域可能為了因應所謂分段能力指標的發展性，而分為第一階段、第二階段、第三階段，因此他們在動詞和名詞之外，用了一些形容詞與副詞，也就是說他們試圖要去表達某一個階段要完成什麼樣的學習標準。這個東西一出來以後，它就混雜了動詞與名詞。所以，各種不同的寫法也是造成國內老師或從事實務工作者的一個困境，大家搞不清楚分段能力指標是什麼，怎麼一會兒只有動詞和名詞，一會兒還有副詞與形容詞在裡面。

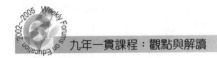

- **潘教授**

　　那麼同一個學習領域在撰寫能力指標時，有沒有統一性？

- **林教授**

　　社會領域採用的撰寫方法，是以動詞加名詞的單一形式出現，其他領域則都混雜著動詞、名詞、形容詞與副詞。有的甚至還設計到學習活動、教學活動，不過最主要還是以前面兩種寫法最多，也就是動詞加名詞，以及動詞、名詞、形容詞與副詞。譬如，他們會規定「學生能夠習得常用的國字一千到一千二百個字」這個「一千到一千二百個字」其實是一個副詞片語，是用來描寫學生到了某個階段，要完成一千到一千二百個字的學習。所以，有些分段能力指標已經寫到這麼具體，但是大部分的能力指標卻不見得會得這麼具體。不過，能力指標並不會因為具體，而對教學帶來多大的幫助，原因是因為老師們會問，這是怎麼來的？要學哪一千呢？當他追問這些問題的時候，又得不到答案，於是還是產生了困擾。所以，我們在解讀的時候，發現形容詞與副詞並不是現階段解讀能力指標的要務，現在的主要任務是要在二維上先分析它，當老師了解能力指標之後，再來談「標準」的問題，這樣才有可行性。

　　總而言之，當我們試圖把能力指標都簡化成動詞與名詞以供老師輕易掌握的時候，我們發現能力指標數量之多，而且又沒有一個簡化的模式，所以才動用二維的觀點。所謂「二維觀點」，其實就是 Bloom 新版教學目標的看法，Bloom 過去的觀點比較傾向單維，現在則是一個二維的觀點。在他的二維觀點中，有一個是「認知歷程的觀點」，它是一個動詞，另外一個是「知識內容的觀點」，是一個名詞，這個觀點和傳統的知識論觀點沒有太大的差別，都認為孩子的學習不僅在習得知識，還要培養所謂的能力，或者是所謂的認知技能。因此，教育領域一直都是從這兩個維度觀點來看知識的學習。

◆ 二維度：知識向度與歷程向度

・潘教授

　　既然是用二維度來幫助老師了解能力指標，是不是請林教授以一個領域為例，來談知識向度、歷程向度？

・林教授

　　其實七大領域在知識內容撰寫的明確度上會不太一樣，比如社會領域用的抽象程度就比較高，因此寫出來的知識內容往往太過抽象，教科書編輯不見得能掌握到底要編些什麼內容。目前社會領域這一塊教育部已經委託社會領域學者，把社會領域的知識加以具體化。再以數學來說，它的能力指標撰寫就比較清晰、具體，所以編教科書的人不會有太多的疑惑，例如「能了解因數、倍數、公因數、公倍數」，這四項知識在數學領域裡頭是重要的知識，不過它是屬於概念知識。在 Bloom 的知識結構觀念裡面，把知識分成若干類，最基本的知識叫做「事實的知識」，也就是特定的人事，比如西元某某年發生了某某事件，這是特定的；某個人物代表參加某某事情，這也是特定的。年齡越低的孩子，這類型的知識學習越多。第二類知識叫「概念知識」，它不是一個特定的知識，而是由一群有共同屬性的特定知識組成的一個概念。比如南京條約、馬關條約、辛丑條約加在一起，就叫做「不平等條約」，而「不平等條約」就是一個概念、一個類型的知識。數學的因數與倍數就是屬於這種類型的知識，而不是特定的知識。比如，3 是 6 的因數，這個知識就是特定的；但是 3 也可以是很多數字的因數，在知識的位階上這就是一個概念了。

　　剛剛您也提到，老師怎麼知道學生已經了解了呢？其實我們當老師的心裡有數。例如，當我們問學生一個問題，大部分的孩子都會按照書上說的來回答，因為大家總是認為書上說的才對；但是，假如老師規定他不准按照書上說的回答，而學生也可以以自己的話語正確回

答，那麼老師就知道這個小朋友眞的了解了。所以，就像您所說的，老師了解孩子們理解的方法，並沒有一個完整的系統，因此，我們研究小組就試著去做這件事情。我們用了一些概念，比如，如果孩子了解某些概念以後，他會去說明它，用詮釋的觀點來說明它，就像老師教完因數與倍數之後問小朋友：你能不能舉出一個因數的例子給我聽，但不是書上的例子？如果小朋友眞的正確舉出一個因數的例子，那麼老師就知道小朋友已經了解了。基測出題的時候也會運用類似的觀念。比如，我們曾經出過一題應用題，問這個題目可以用下面哪一個方程式來表達，這就是「了解」，因爲它涉及知識表徵的轉換、一個了解的歷程。

五、能力指標的運用

・潘教授

您以 Bloom 的歷程向度來區分，發現「認知」與「了解」是不同的層次，而「應用」又是另一個層次，老師如何將這些東西應用在學習評量中？這些能力指標一方面可以引導老師教學，另一方面也可以引導老師了解孩子學到什麼，但是老師實際上該如何作運用呢？

◆ 以六類認知類型與四類知識類型之雙向分析表來歸類

・林教授

Bloom 的二維觀點其實是一個四乘六的概念，比如在認知類型上它有六個類型，知識只有四個類型，所以有一個簡化的過程。亦即，是把能力指標丟到二十四類下來談，就縮小了，一縮小以後，只要一格一格來處理，總比現在要處理上千個能力指標容易得多了。

- 潘教授

  換句話說，是將能力指標放到二十四個格子裡頭？

- 林教授

  可以擺到這二十四格裡面，這樣會容易得多。

- 潘教授

  老師必須把所有的能力指標以二維度的思考方式重新排列組合，放到二十四個格子裡頭？

- 林教授

  其實只要他知道這樣的理論，他在處理能力指標時，可以自己做歸類，分類是一個最簡單的簡化程序。

六、結語

- 潘教授

  謝謝林教授今天詳細講解了能力指標的運用，下次論壇我們會繼續請他將二維度的想法說得更透徹清楚，讓老師有所參照，也讓家長得以重新思考如何看待孩子的學習。

Bloom 二維度教育目標與能力指標、評量指標

主持人：潘慧玲（國立台灣師範大學教育學系教授兼教研中心主任）

與談人：林世華（國立台灣師大教育心理與輔導系副教授）

論壇日期：2004 年 9 月 26 日

✹討論題綱✹

【 Bloom 二維度教育目標與能力指標、評量指標】

一、前言

二、Bloom「二維度」認知領域教育目標

　◆ 二維度之知識向度：事實知識、概念知識、程序知識、後設認知知識
　◆ 二維度之認知歷程向度：記憶、了解、應用、分析、評鑑、創造

三、二維度與能力指標

　◆ 以二維度解讀能力指標的例子
　◆ 能力指標以「理解」與「應用」能力著墨最多

四、九年一貫課程學生學習成就評量指標

　◆ 將能力指標簡化成二十四個分類以形成評量指標
　◆ 以「能力指標、評量指標引導教學」取代「考試引導教學」
　◆ 情意部分的評量指標尚未發展成熟
　◆ 版本教材之交集為命題的範圍依據

五、學習成就評量指標的轉化與應用

　◆ 能力指標是命題的最高指導原則
　◆ 各版本教材之交集為命題的範圍依據
　◆ 全國層級之評量指標正在發展中

六、結語

一、前言

・潘教授

　　這週我們要繼續討論有關九年一貫課程改革中，學生學習成就評量指標的議題，再次邀請到台灣師範大學教育與心理輔導系林世華教授來談這個議題。

　　關於九年一貫課程，大家都非常關心孩子們學到了什麼，所以上次論壇我們花了一集的時間討論老師如何運用能力指標引導自己的教學，並評量學生。另外，也提到以 Bloom 的二維度解讀能力指標，讓教育現場的老師能以更精簡的方式運用能力指標而不再感到困惑與迷惘。

　　今天請林教授再度針對 Bloom 的二維度，跟我們進一步說明它的內容是什麼？

二、Bloom「二維度」認知領域教育目標

◆ 二維度之知識向度：事實知識、概念知識、程序知識、後設認知知識

・林教授

　　所謂「二維度」乃分別隸屬「知識向度」與「認知歷程向度」，剛好就是我們分析能力指標時的名詞與動詞。名詞就是知識向度，包含「事實性知識」、「概念性知識」、「程序性知識」，以及「後設認知知識」。上次我們談到事實的知識是特定的，而概念性知識則屬於種類的集合。譬如，當我們提到哺乳類動物時，如果不是特定談哪一隻，那麼它就是一個概念，亦即只要屬性相同的就是概念。再者，程序性知識就像是健康教育教燙傷時的「沖脫泡蓋送」、CPR（心肺復甦術）

的學習，或者是數學四則運算、解聯立方程式等等都是程序性知識，學生學到某些知識的步驟，知道如何去完成，但是可能沒有學到原因。

- 潘教授

這麼說來，它不是一種操作的技能，而是程序性的知識。

- 林教授

對，它是一種知識。如果是操作的技能，就會以動詞的層次來定義它，但是像後設知識、自我知識、策略性知識等等，都是屬於「知識」層面。

◆ 二維度之認知歷程向度：記憶、了解、應用、分析、評鑑、創造

- 林教授

另外，在認知歷程理論裡頭，Bloom 提出六個層次：第一個層次是「記憶」，記憶知識與過去的背誦知識是比較接近的觀念，因此認知歷程並沒有否認記憶的重要性。不過，它沒有停在記憶層次，第二個層次就是「了解」。學生要懂他所學的，不是光背，這和過去就稍微有點不一樣。第三個層次是「應用」，這是九年一貫課程相當重視的，不但要學會、答對，同時也要把所學的用出來。例如，把剛剛提到的程序性知識實際應用出來，假如學生只會回答燙傷的「沖脫泡蓋送」程序，但是真正燙傷時卻不知所措，就等於不會應用知識。因此，應用是另一個更高的層次，能應用就一定有理解的成分在裡面。接下來第四個層次是「分析」，一聽這個詞就知道這是比較高階層的。再往上第五個層次是「評鑑」，例如判斷這個孩子有沒有檢核批判的能力，就是一種評鑑。第六個層次是 Bloom 最新提出來的，叫做「創造」。能不能產出、能不能根據所學的知識應用之，最後還能夠創作新知識，就是一種創作，這是一個更高的層次。總之，Bloom 就以

這六個動詞來代表不同的認知歷程與層次。

• 潘教授

您提到知識歷程的向度有記憶、了解、應用、分析、評鑑、創造等六個不同的層次，這六個不同層次的動詞是不是都放在能力指標中，應用在不同領域裡？

• 林教授

如果以認知來看，而不以整體來看，確實絕大部分都用到了。雖然表面上看來大部分都是以「理解」為動詞，很少看到「記憶」，感覺上好像「記憶」是不重要的，其實它是把「記憶」這樣的用字潛藏起來而已。至於「理解」、「應用」等詞彙則大量出現，希望在了解知識之後能夠應用到日常生活，因此「應用」一詞寫得非常多。從用詞的傾向也可以看出九年一貫課程在認知的層次上，希望能夠提升過去偏向記憶知識的層級。過去我們為什麼會著重記憶知識？當然，考試是元兇，考試設計如果重知識，孩子自然會偏向於記憶、背誦知識。

• 潘教授

這幾年學力測驗做了一些改變，不只是關注於記憶層次的問題而已。

• 林教授

是的，不過這是一個很大的挑戰，必須好好思索要如何設計才能表達這樣的概念。

三、二維度與能力指標

◆ 以二維度解讀能力指標的例子

• 潘教授

　　接下來，我們請林教授進一步以學習領域能力指標爲例，來舉例說明二維度的解讀方式。

• 林教授

　　以「評鑑」這一項爲例，我們要如何讓孩子發展出評鑑能力？大家可能會覺得這好抽象聽起來，其實評鑑在理論或實務上都只分爲兩個層面，一個是「檢核」，看看孩子有沒有能力檢核一段陳述的「內部一致性」，評鑑最重要的就是根據某個規準來判斷，這個規準就叫做「內部一致性」。過去我們出過一個考題，是一位記者報導一則新聞，這則新聞報導內容是某某地方發生了地震，根據芮氏地震儀這個地震有五點二級，造成多少地方路基塌陷、多少人無家可歸，但是他接著就說「台灣的行政單位對於災情的控制與防治似乎提不出對策，這一定有明顯的人爲疏失」。於是我們便請同學判斷這則報導有什麼不一樣的地方？我們希望能訓練孩子辨別報導恰當與不恰當的地方，能辨別什麼是客觀事實、什麼是個人意見，而不要只是看過就算了。新聞報導的「芮氏地震五點二級」是客觀事實，「幾個地方坍方」、「多少老百姓無家可歸」也是客觀事實，但是「政府有明顯疏失」這就是個人意見了。如果能夠提昇評鑑能力、檢核內部一致性能力，將來我們的孩子就不會只是在背這個報導，也不會把訊息視爲理所當然地處理，而會批判性地看報導。

• 潘教授

　　「考試領導教學」也可以有正面的效果，我們要提昇老師教學的認知層次、歷程層次。

• 林教授

　　起初出這個題目時，我們也很擔心老師會教小朋友背這些東西，

後來老師們聽過我們的解釋之後，就了解原來不是要教孩子背這些細節，而是要教孩子如何判斷。

◆ 能力指標以「理解」與「應用」能力著墨最多

・潘教授

　　就您們的分析結果來看，九年一貫課程各學習領域的能力指標多屬哪一層次，應用、分析、評鑑、創造運用的比重多不多？

・林教授

　　「分析」以上就不多了，雖然還是看得到，但是比較零星，其實九年一貫課程對國民教育並沒有太多高層次的期待，至少相對比例上少很多；而「理解」與「應用」是用得最多的，九年一貫課程期待學生要具有的能力大部分都落在真正了解知識、應用所學，這個部分是最大塊的。

四、九年一貫課程學生學習成就評量指標

◆ 將能力指標簡化成二十四個分類以形成評量指標

・潘教授

　　上次我們曾經提到林世華教授接受教育部委託，做了一個九年一貫課程學生學習成就評量指標專案。我想請問林教授，原本各領域的指標已經非常多，故在設計學習成就評量指標時，是不是做了一些簡化的工作？最後得出來的指標有哪些？

・林教授

　　是的，我們確實做了簡化的工作，以免要老師直接面對這麼好幾百條、上千條的能力指標時，感到困惑與無法掌控。我們以二維度的方式來處理，將知識的四類狀態，乘上認知歷程的六類狀態，得到二

十四類認知目標，並把能力指標一一放入這二十四類細格裡頭。經過這個簡化程序之後，老師就比較容易掌握這二十四類認知目標的差異性；知道認知歷程與知識內容的差異性之後，就比較容易掌握教學脈動；設計教學時，也比較知道某個概念的特性，能夠更有把握地運用這些能力指標，更可以作為設計評量的依據。

◆ 以「能力指標、評量指標引導教學」取代「考試引導教學」

· 林教授

　這個方法也更能讓過去考試領導教學的概念慢慢地消失，因為大家現在關注的焦點都在於這些能力指標上，而不在考題上了。所以，我們寧可多花一點力氣來跟老師解釋題目設計的用意，讓大家坐下來好好把這些能力指標談清楚，即便無法完全避免考試領導教學，但是起碼會是正向的一面，因為大家看的是目標，而不是考試題目。就像剛剛那題評鑑題目，如果我們沒有說明它，老師不知道這題在考些什麼，可能就會出類似的題目要孩子拼命背誦，這就變成負面的考試領導教學了。

· 潘教授

　我也認為很難避免考試領導教學的情形，不過如果在考題的設計上能夠往更高層次來發展，這對教學而言，就比較具有正面意義。

◆ 情意部分的評量指標尚未發展成熟

· 潘教授

　另外，聽起來您們在認知層面上著墨較多，您們有發展情意部分嗎？

· 林教授

　我們比較能夠明確掌握的是認知部分，情意與動作技能這一塊我們還沒有太完善的處理方法，因為我們發現它不是動詞與名詞的結

合，它還包含許多其他議題，不適合以動詞與名詞的結合來分析。因此，我們還在找一個較爲合適的立論來分析情意部分。

五、學習成就評量指標的轉化與應用

・潘教授

發展了評量指標之後，真正要放到學力測驗來命題時，恐怕還要再做一次轉化的功夫。老師應該如何運用您們的研究專案成果，來進行命題工作？

◆ 能力指標是命題的最高指導原則

・林教授

在民國九十年到九十三年期間，基本學力測驗與九年一貫課程是沒有直接關係的，因爲它是在傳統一綱一本的舊課程下建構出來的測驗。民國九十四年之後，基本學力測驗的測驗對象是第一屆九年一貫課程改革下的國中畢業生，基本學力測驗的研發小組就得做一些技術性的轉換了，特別是一綱多本以後，究竟要根據「哪一本」來命題，也是一個很大的困難。其實教育部並沒有直接指示，不過，既然教學是依據能力指標而來，評量當然也要跟著能力指標來設計，所以能力指標的解讀，也就成爲基本學力測驗命題上的最高指導原則。

・潘教授

但是，問題就在於能力指標的解讀人言言殊，那麼心測中心命題時，要依據誰的解讀方式呢？

・林教授

如果就「認知」部分來看，不管是以二維方法或其他專家學者的轉化觀點來解讀，差異都是非常有限的，除非是知識內容寫得太模

糊,就可能會有落差,否則認知這一塊是最具體的。倒是情意態度的模糊度會比較高。因此,間接來說,基本學力測驗在九十四年之後還是以認知的評量為主,畢竟它是一個入學使用的測驗,情意部分的評量容易造假,找不到學生真正的表現。

◆ 各版本教材之交集為命題的範圍依據

• 林教授

當然,您提到能力指標的詮釋多少會因人而異,這確實是一個問題,例如教材編製就會有所不同,而基本學力測驗另一項輔助性的命題原則,就是要為這些教材設計一個腹案,而它的最高指導原則還是分段能力指標。其實基本學力測驗是在兩個原則下來命題,一個是九年一貫課程本身,一個是探討學生實際上暴露在什麼教材之下。基本學力測驗必須掌握所有的教材內容,才能了解孩子們究竟學到什麼、沒有學到什麼,如此才能編製合適的測驗題目。

• 潘教授

也就是說,命題時不會以某一版本為依據,而會把所有的教材都蒐集過來,以其交集處作為命題焦點。然而,這也會產生另一個問題,這個「交集」可能是教材裡偏向簡單的部份,如此一來會不會影響基本學力測驗的功能呢?

• 林教授

有幾個觀念必須稍微澄清。大家可能會以為測驗的部分是各教科書的交集,其實以基測命題的角度來看,它最上層的原則是分段能力指標,輔助性的原則是學生暴露的教材,所以並不能說它是教材交集。因為「交集」意指以教材為主、分段能力指標為輔,但是基本學力測驗是按照分段能力指標來命題的,會涉及到選擇與檢核知識內容的問題。

• 潘教授

如果我們說所謂「交集」是交集各教材的知識內容，可是命題時還是可以提升它的層次，而不只是停留在記憶、理解上，還可以往上提升到應用、分析的層次！

• 林教授

是的，也就是陳述這些知識內容時，會有一個檢核的步驟。譬如，社會科出了一個有關戰爭概念的考題，它要以赤壁之戰來出這個題目，那麼命題者就必須很小心，看看不同版本的教材有沒有教到赤壁之戰？如果都有，也都達到回答這個題目的知識水平，那麼這個題目就可以出；如果若干出版商沒有提到這個主題，那麼命題者就必須主動避免用這個例子，或者必須將這樣的題目從題庫裡頭排除，這就是檢核的工作，也是九年一貫課程必要的重要工作。如果我們不這麼做，那麼教學將會無所適從。現在，學校只要把握一本教材，而不必特別強調參考書、測驗卷，就可以來考基測了。當然，如果大家要多讀幾本教科書也是可以的，只是真的沒有這個必要。

除了這個方式以外，基測還有很多命題策略。以國文科為例，過去命題只要出現某某人寫的一篇文章的閱讀測驗，大家都會擔心我這本教科書裡面沒有教到這個人怎麼辦？就像過去曾經出過星雲法師的文章，老師、家長、小朋友就開始問，要不要讀聖嚴法師的、證嚴法師的文章？我認為基測考的文章不必特定，可以沒有特定作者，主要目的在於讓孩子根據國中三年學過的國文知識來應答，而非特定作者的文章。

• 潘教授

您的意思是，未來的走向是以他們學過的知識為基礎，而不在於特定教材上？

- **林教授**

    是的。

- **潘教授**

    可是數學就不一樣了。

- **林教授**

    沒有錯。目前為止,數學唯一的爭論是「不等式」,各教科書對於不等式的能力指標解讀差異較大,其他的還蠻一致的,教材的重疊性非常高。教材重疊性較低的是社會科。以命題單位來看,如果社會真的只出現十個重疊點,那麼基測也別無選擇,這十個重疊點必然是首要的。但是,除了這十點之外,日常生活裡還是有太多事件與公民有關,與經濟、歷史有關,我們就可以針對這些事件加以中性化地編製考題。

- **潘教授**

    如果這麼做,就不是背誦某一個特定教材內容才會回答,這樣家長會放心許多。

- **林教授**

    所以,不必什麼都要讀到。

- **潘教授**

    這就像是美國的 SAT 測驗,雖然各州都有不同的教科書版本,但他們以類似林教授的概念來命 SAT 的題目,故未出現爭議。

◆ 全國層級之評量指標正在發展中

- **潘教授**

    最後,我想請問林教授的是,您們這個研究小組作了這麼多的能力指標,聽起來好像都是在教室層級的。如果我們想要了解九年一貫

課程政策在全國層級上的表現，仍然可以運用您們的指標嗎？

- **林教授**

其實目前中央與各縣市都已經著手進行這件事了。例如國語文能力的界定，已經根據我們的分類來做了，而其他的檢測議題也已經陸陸續續上路了，應該很快就可以在幾個更簡化的能力指標下，來進行評量、評鑑學生學習成就的工作。不過，這部分的評量與入學無關。

六、結語

- **潘教授**

今天非常感謝台灣師範大學教育心理與輔導系的林世華教授來到一週教育論壇，澄清了很多有關學生學習成就評量指標的疑問，讓教育現場的老師以及家長，都安心不少，也了解九年一貫課程的真正精神在哪裡，以及我們要如何安排、評鑑孩子的學習經驗。希望今天的論壇內容，能夠讓九年一貫課程的疑慮少一點、進展多一點。

🌿 編輯小語

2001 年版布魯姆認知領域教育目標之分類表

知識向度	認知歷程向度					
	記憶	了解	應用	分析	評鑑	創造
事實知識						
概念知識						
程序知識						
後設認知知識						

目標分類結構的特點：

（一）將目標類別分成名詞和動詞兩個向度（即知識和認知歷程）來
　　　呈現。

（二）兩個向度構成分類表。

（三）認知歷程向度的各類別排列成漸增複雜的階層。

資料來源：葉連祺、林淑萍（2003）。布魯姆認知領域教育目標分類
　　　　　修訂版之探討。**教育研究月刊**，105，94-106。

九年一貫課程語文領域國語文能力指標探討

主持人：潘慧玲（國立台灣師範大學教育學系教授兼教研中心主任）

與談人：許學仁（國立花蓮師範學院中國語文教育系教授）

論壇日期：2004 年 12 月 26 日

✻討論題綱✻

【九年一貫課程語文領域國語文能力指標探討】

一、前言

二、九年一貫課程語文領域的轉變

◆ 從課程「標準」改變意涵為課程「綱要」
◆ 將國小「國語」和國中「國文」合併為九年一貫「國語文」

三、國語文能力指標的研訂重點

◆ 和其他學科領域整合
◆ 達到語言文字掌握、文學欣賞能力、文化認知體察
◆ 和生活週遭相遇

四、落實國語文能力指標於教育現場

◆ 將生活裡的真實素材納進文學閱讀題材
◆ 以神話與科幻作品豐富文學想像空間

五、文學賞析的教學

◆ 融合聽覺與視覺，立體化文學空間
◆ 轉譯閱讀為聽覺與心靈察覺，成為動人的文學欣賞
◆ 從生活週遭的文化批判學習文化體察與認知能力

六、國語文能力指標的應用

◆ 建構能力的上層思維架構，以發展課程設計與評量
◆ 三階段、六指標項目分析歸納指標細目
◆ 舉隅

七、結語

一、前言

・潘教授

　　九年一貫課程改革於九十學年度在國小實施，九十一學年度在國中實施。為了讓更多人瞭解如何落實九年一貫課程的理念和精神，我們曾經在一週教育論壇裡談過九年一貫課程綱要的使用，接續著的主題，將分別討論九年一貫課程各學習領域中有關能力指標的解讀與轉化。今天請到國立花蓮師範學院國語文教育學系許學仁教授來到節目談論語文領域國語文能力指標的相關議題。許教授本身是九年一貫課程語文領域課程研修小組的成員，請您談談對九年一貫課程的看法。

・許教授

　　我們常說九年一貫課程是一個教育上的「變革」，其實我認為新舊之間是很難切割的，因為它在精神上是一貫的。因此，推動九年一貫課程語文領域時，有幾個觀念是一定要考量到的，因為隨著外在語文環境的改變、學習工具的更新，以及相關語文生態的衝擊，和新學習觀念的省思，面對新世紀的語文教育必須要有調整與發展。

二、九年一貫課程語文領域的轉變

・潘教授

　　九年一貫課程實施後，語文學習領域的目標與過去有什麼不同？

◆ 從課程「標準」改變意涵為課程「綱要」

・許教授

　　教育的變革都是相互因襲與傳承的，彼此之間都有連帶關係。我們研訂語文科課程標準時，重新檢視了八十二年到八十六年舊課程標準的演變，也參考了各種不同的教育新理論和老師實際教學經驗，當

時我們考量是不是要給予老師更大的彈性空間，於是便進一步將課程標準調整為課程綱要。

◆ 將國小「國語」和國中「國文」合併為九年一貫「國語文」

• 潘教授

　　語文的學習不外乎「聽說讀寫」四個部分，因此，當您們將過去課程標準轉化為現在的課程綱要時，在基本理念上是否也做了調整？或者仍舊承襲過去基本能力要求的大方向？

• 許教授

　　這牽涉了幾個問題：首先，語文本身的本質必須重新定位。比如，究竟語文的學習只是為了語文本身，或者還牽涉到其他相關學科的學習活動？第二，語文本身的目標是否應該有更開闊的空間？第三，語文和其他社會新興議題，是不是應該相互關連？第四，原來的「聽說讀寫」，亦即所謂「混合教學」的基本理念，要不要重新賦予更明顯的線索，讓孩子能夠更簡單地掌握？就像現在在國小沒有國語科、國中沒有國文科，而是以「國語文」這一個新概念來稱呼，也就是我們認為口頭語言與書面語言這兩個概念是相互交流的，所以把它們合在一起，成為一個語文的整體，這是我們在概念上較大的改變。

• 潘教授

　　您提到國小以前有國語科，國中有國文科；易言之，過去「國語」代表的是「口頭的語言」，而「國文」就是「書面的語文」，但是現在國小和國中都總稱為「語文」。

• 許教授

　　因為我們希望孩子發展語文時，不但可以適度表達口頭語言，也能適度操作書面語言能力，如寫作。若以訊息論的角度來看，一個是訊息的獲得，一個是訊息的表達。總之，我們可以看到傳統的聽說讀

寫有兩條規則，聽與說形成口頭語言，讀和寫形成書面語言，而隨著兒童認知心理發展，則逐漸從口頭語言進入書面語言。

・潘教授

雖然過去語文科在國小稱為「國語」，事實上隨著年齡的增長，孩子也是會學習如何讀與寫，只是比重上的問題，所以我們還是以「國語」和「國文」來區分小學與國中。

三、國語文能力指標的研訂重點

・潘教授

前面提到許教授已重新定位語文的概念，並擴充它的涵義，那麼目前國語文課程綱要能力指標有哪些重點呢？

◆ 和其他學科領域整合

・許教授

首先，語文科除了原來的語文基本訓練外，它一定會與不同的學科產生連續性關係。其實語文本身就是個多元智能，它是一個綜合的能力。潘教授在談其他領域的能力指標時，一定會談到學科領域之間的整合，不同的學科領域希望形成共同的能力，所以九年一貫課程訂定了十大基本能力，或者可說是有十個基本面向，而語文同時兼具了其他學科所要達到的共同能力，比如「創新表達」或者「組織能力」。因此，面對二十一世紀應有的國民素質要求，語文和十大能力之間便銜接上了。

◆ 達到語言文字掌握、文學欣賞能力、文化認知體察

・許教授

第二，語文為七大學科領域裡的一支，所以有其領域目標與概

念，亦即它以聽說讀寫，以及注音符號的運用能力、識字和寫字能力等為基礎或工具。其實語文本身就很複雜，例如它究竟是語言文字的運用能力？還是文學欣賞的感受能力？或者是對文化體察的基本認知能力？這三個層層相扣，使得語文變得十分複雜，因此我們希望把這三者切割開來；換言之，語文科必須達到語言文字的掌握與運用、文學欣賞和感染的能力，以及體察與認知文化的能力。

◆ 和生活週遭相遇

‧許教授

第三，前述這三項在語文領域裡頭原本是零碎地切割開來的，現在我們把它們統整成一塊時，它們彼此之間就是相關的，而且生活周遭的議題就會走進語文科教材裡頭，讓孩子的語文與日常生活息息相關；換言之，當我們把這三者放在一起的時候，語文科會形成兩條主軸，一個是聽說，一個是讀寫，並且進一步跨學科以形成多元的能力培養。

‧潘教授

綜言之，語文科想要培養學生具備語言文字掌握、文學欣賞、及文化認知體察能力。由於語文是一項多元智能，它成為許多學科學習的共同基礎，例如，基本學力測驗時，假如閱讀能力不好，就無法解讀數學題意是什麼。

教師在實際教學時，要如何在應用這些能力指標於教育現場，如何將之與其他學科作關連？

四、落實國語文能力指標於教育現場

◆ 將生活裡的真實素材納進文學閱讀題材

・許教授

　　既然我們所設計的這些基本能力對孩子是重要的，那麼它不只是要在題庫裡頭反映，還必須與日常生活有所關連。因此，在閱讀材料上，我們認為最好的就是文學閱讀。文學閱讀除了可以培養欣賞與感受能力之外，許多版本的教材都已涵蓋其他生活素材，例如閱讀科學讀物，裡頭就有許多生活周遭的相關議題。在過程中，孩子可以透過語言文字的辨識，而對這個議題有更深一層的理解。

◆ 以神話與科幻作品豐富文學想像空間

・許教授

　　我們現在看到的材料，已經不純然是文學了，所以編輯教材時，必須要有大架構，除了文學以外，教材還必須和日常生活連接在一起。所以，很有趣的，文學領域已經不像以前那麼窄，不只有日常生活周遭可以作為語文材料，語文本身具有相當豐富的想像空間與實際觸感，這些都會讓孩子的閱讀變得更加豐富。因此，我們在語文教材裡頭可以到不可能到過的地方，透過想像的神遊，讓我們理解不同的國外文化，透過文學閱讀，瞭解、關懷周遭生態與社會生活，如對單親家庭的了解，對生死概念等等，這些逐漸都會出現在現在的語文教材當中，呈現以往舊教材沒有的多樣性與多元文化。

・潘教授

　　所以現在取材的範圍擴大許多。

五、文學賞析的教學

• 潘教授

如果我們來談文學欣賞，能力指標中有哪些部分比較強調文學欣賞的面向？

◆ 融合聽覺與視覺，立體化文學空間

• 許教授

談到文學欣賞，一般人會認為這是視覺的。然而，假如我們有敏銳的感覺，我們的閱讀其實就包含了聽的運用。所以，如果閱讀可以視覺加上聽覺，它就會形成比較立體的空間。相同的，聽的部分除了要學生聽之外，我們還會希望他能夠聽到比較「細膩」的部分，也就是能夠用心體察。不論是視覺或聽覺，我們都希望學生透過語言文字的理解，形成自己的想法，而不像早期是由老師直接移入特定的理解，甚至是死背。

◆ 轉譯閱讀為聽覺與心靈察覺，成為動人的文學欣賞

• 許教授

另外，對於文學欣賞的部分，我們希望能夠透過聲音的轉譯來培養語感。所以在閱讀綱要以及聽的能力指標項目上，我們都一再強調必須做「轉譯」的工作，也就是把平面的閱讀轉變成聲音、聽覺、心靈察知能力的閱讀。換言之，早期比較偏重理論策略的應用，現在則強調孩子的文學欣賞能力，希望透過想像來培養感知語感的能力，這一點是以前文學閱讀忽略的部分，以前雖然也有談到、接觸到，但是卻沒有具體化地呈現，而我們希望在綱要裡頭強調這一點。

• 潘教授

關於聽的部分，是要唸出詩詞，用聽的方式來感受文學之美？或

是要感受大自然的聲音呢？

‧許教授

作者創作文學作品的歷程，是透過文字語言來描述的，他的內在世界帶有聲音與感情。因此，如果要從閱讀者的角度來重新理解，最好的辦法就是感覺原來作者創作時內心世界的喜怒哀樂，因為每一篇文字裡頭都藏著他的歡笑、每一句話也都隱含他的悲戚，透過不同的情感表現，作者產生了一篇篇動人的文學作品。假如小朋友在閱讀的過程中，也能嘗試來朗讀或者默讀作品，重現原來作品中潛藏的情感世界，那麼他就更容易走到作品最感人肺腑的核心。所以文字解釋的閱讀是一個層面，聲音的詮釋則是另一個層面，是察覺語文語感最好的途徑。

‧潘教授

換句話說，我們可以透過朗讀抒發情緒，也可以重新再現文字表達的語意，譬如很開心、很快樂，或者很悲戚。

‧許教授

是的，情感有些時候是抒哀，有些時候是緊張。所以，我們可以看到在滔滔不絕的雄辯中，他的講話速度必然是加快的；在歡樂時，他的聲音是高昂的；在悲泣時，他的速度就是遲緩與低沈的。透過不同的聲音，我們可以感觸到他的情緒，就像戲劇扮演時，我們可以藉由揣摩不同的角色，而有不同的聲音與情緒表現。

◆ 從生活週遭的文化批判學習文化體察與認知能力

‧潘教授

最後，要請許教授談談文化的體察與認知。

‧許教授

我常說「叫『文化』太沈重」，因為「文化」是一個上位概念，

日常生活的周遭則是下位概念，而我們主要是透過這些文學作品，來感受生活周遭。例如，有些作品接觸到最深層的情感世界，有些牽涉社會不同層面，譬如單親家庭、生死觀、鄉土情。凡是文化層面的事物，在不同的時空就會有不同的詮釋，也許還有相互衝突的可能，那麼我們要如何穿梭在不同的時空世界中來體察文化，就成為我們訓練孩子思維能力最好的入門。因此，我認為在國小階段，「文化」必須經過適當的包裝，否則真正的文化學習壓力太大，隱藏的意識型態也會比較濃。

• 潘教授

不過，文化中經常潛藏著難以明辨的價值或信念，如果讓孩子討論文化中較為淺顯、日常生活中會出現的價值議題，也是很有意義的。例如，現在我們都主張要「性別平等」，但是卻少有機會重新解構或思考我們對於男孩與女孩傳統行為規範的適當性，也許可以利用這樣的機會讓學生進行批判思考。

• 許教授

我想是可以的。我常常開玩笑說，我們現在編的教材還不敢打開心胸接觸一些實際問題。其實高年級以後，男孩和女孩的發展已經有了差異性，男孩喜歡冒險、女孩喜歡感情。因此，男孩與女孩必須相互學習，也許讓女孩讀一些冒險犯難的東西，讓男孩學習體察情感，這樣的課程安排對孩子的人格形成與開展是有意義的，其實小說裡頭最多這一類作品，但是我們的教材卻是最不容易看到這些題材。

• 潘教授

我們應該增加這一類作品，讓學生重新思考女孩子也可以冒險，也可以勇於嘗試，而男生也可以很溫柔、很善體人意。

六、國語文能力指標的應用

◆ 建構能力的上層思維架構，以發展課程設計與評量

・潘教授

　　另外，我們提到語文領域強調語言文字、文學欣賞以及文化體察，這些能力指標如何幫助老師具體應用在教學歷程或學生學習評量上？

・許教授

　　談到能力指標的轉化，就是一個比較嚴肅的問題。能力指標反映的不是表現出來的成績分數，而是具體能力的習得。所以，關於「能力」的定義，能力指標從不同的知識結構來重新調整它的意涵，因為要形成能力，就必須考量它的「上層結構」。因此，我們必須考量能力指標是既定的國民素養，牽涉到全體國民在未來十年、二十年後的國家競爭力，那麼我們就必須思考要如何讓孩子面對未來的挑戰，而教材編輯者要如何設定能力指標項目、選擇好的作品，讓老師來詮釋。我認為老師是能力指標與教材間的橋樑，必須根據能力指標形成自己的評量指標，這些評量指標就是老師每一堂課要孩子學習的能力重點，因為每一堂課只有四十分鐘，不可能真的帶給孩子指標裡頭那些非常複雜的細目，因此必須經由老師來設計活動，預先計畫要教給孩子什麼、如何詮釋作品，最後評量孩子是不是真的學到類似的能力。老師在轉化過程中，就會讓學生往上形成能力的上層結構，譬如理解力、創造力、想像力、推論能力，這些是思維的基本上層架構。如果每堂課都能給孩子不同的嘗試，設計的評量也能夠朝這個方向進行，那麼它就能夠變成較大的統整性概念，而不再是零星或者瑣碎的知識堆砌。

・潘教授

許教授建議老師應用能力指標時，應該先掌握上層架構，也就是心中要有較大統整能力的概念，例如理解力、想像力，甚至批判能力、反思能力等，教師將此統整架構放在心中，用它來引導孩子學習。至於細部的能力指標，該如何處理？

◆ 三階段、六指標項目分析歸納指標細目

・許教授

我常常建議老師可以從幾個角度來看教育部公布的能力指標、綱要：首先，從能力的角度來看，如果要達成這些比較抽象的能力，它底下會有幾個比較具體、大的學習方向，也就是聽說讀寫、注音符號的運用和識字與寫字能力。掌握住這幾個重點之後，我會設計活動來達成這個上層概念。所以老師在教導閱讀時，首先要掌握的就是階段性，因為九年一貫最重要的特徵就是「一貫」，所以必須重視時間與時間、階段與階段的銜接。第二，思考如何平衡能力指標裡頭的項目，並轉化為年級能力指標。第三，不要太在意能力指標之下的教學內涵，應該要在意的是上層課程綱要裡頭的六個獨立指標項目。我們現在看課程綱要似乎很複雜，不過每一項能力的六個內容項目都可以分為三個階段。它的共同點是有聽與說的能力，而聽與說的能力指標強調三個部分：聽話的方法、聽話的技巧、聽話的態度，以及說話的方法、說話的技巧與說話的態度。所以，當我們以階段和能力（三個階段、六項能力指標）來看，可以看到在第一個階段裡頭，注音符號的運用大概只有七個能力，到了第二個階段只剩下四個，第三個階段只有兩個，也就是注音符號的運用逐漸遞減。同樣的，在聆聽能力中，第一、第二、第三個階段都是依照我們談到的方法、技巧與態度這三個指標。接下來，說話能力也是類似的設計。到了識字與寫字能力，我們可以看到第一、二階段分別有六個、七個指標項目，第三階段有

五個指標項目，也是逐漸遞減的設計。但是在閱讀與寫作的部分，就是隨著年齡逐漸加深了，從七個指標到十個指標、八個指標。所以，整體統計而言這些能力指標並不像我們看到的那樣龐雜，第一個階段只有三十五個指標項目，第二個階段三十八個指標項目，第三個階段三十一個指標項目，之中又分成兩個非常清楚的主軸，一個是口頭語言訓練，另一個是書面語言訓練。老師只要思考這個階段要達到六個指標裡頭的哪一項，依此來設計活動，轉化教材裡的作品成爲課程設計，能力指標就變得比較具體、容易掌握了。

• **潘教授**

經過許教授的分析，就清楚、簡單多了。其實能力指標是有階段性的，所以老師不必害怕項目的繁複，只要先看自己側重哪個階段，再考慮上下銜接的問題，並看看這個年級在口頭與書面能力上，各自分爲哪些能力指標，就可以順利轉化能力指標。

◆ **舉隅**

• **潘教授**

最後，請許教授爲我們舉個老師實際運用能力指標的例子？

• **許教授**

我舉一個綜合性的例子。基本上，我們設定它是一項「能力」，而且是帶得走的能力，而不是背不動的書包。所以，我們孩子六年國小生涯最後留下的是他的成長紀錄，也就是六年級時，師生共同設計一個老師與同學共同的成長紀錄。例如，孩子可以自己設計一個畢業成果晚會，這還牽涉到他的組織能力，他要如何做邀請函、如何做海報、如何安排節目、如何寫作劇本。換言之，當一年級新生進來學校時，老師的觀念就要很清楚，要以這種能力的培養、多元的評量來取代傳統成績考核，讓學生國小六年下來有多元的成長與表現。

七、結語

・潘教授

　　感謝國立花蓮師範學院中國語文教育系許學仁教授來到我們節目中，談了九年一貫課程本國語文領域能力指標的相關概況，以及寶貴的實施建議，希望能有助於九年一貫課程本國語文領域的進行。

九年一貫課程語文領域英語科能力指標探討

主持人：潘慧玲（國立台灣師範大學教育學系教授兼教研中心主任）

與談人：張武昌（國立台灣師範大學英語系教授兼系主任）

論壇日期：2004 年 12 月 5 日

✹討論題綱✹

【九年一貫課程語文領域英語科能力指標探討】

一、前言

二、英語科能力指標的研擬

- ◆ 背景脈絡——台灣英語學習熱潮
- ◆ 關懷弱勢孩子的英語學習環境
- ◆ 著重情境應用的英語能力指標
- ◆ 貫串小三至小五的英語課程標準

三、台灣英語教育的相關議題

- ◆ 英語學習落差仍為一大隱憂
- ◆ 並重聽說讀寫、強調興趣動機、了解文化意義

四、能力指標的應用

- ◆ 作為教科書選擇、內容增刪的依據之一
- ◆ 作為評量指標的轉化來源
- ◆ 作為學力測驗與教師教學方向的指引

五、結語

一、前言

‧潘教授

　　一週教育論壇先後針對九年一貫課程各學習領域，討論能力指標的解讀及轉化，今天我們請到了國立台灣師範大學英語系系主任張武昌教授來到一週教育論壇，討論語文領域中的英語科。張主任目前是九十四學年度九年一貫課程國小三年級英語科版本的研究小組召集人，對於九年一貫課程英語科能力指標的規擬有相當深入的研究。首先，想請教張主任，您參與研訂語文領域英語科能力指標時，當時研擬的背景脈絡為何？研擬的理念又為何？

二、英語科能力指標的研擬

◆ 背景脈絡——台灣英語學習熱潮

‧張主任

　　在台灣，大家都很狂熱英語學習，有人說它是一個全民運動，也有人說它是一種亂象，因為各縣市英語教學的起始點不一。教育部宣示從三年級開始學英語時，有的縣市卻提早從一年級就開始教了，再加上家長期望，以及美語班的推波助瀾，所以事實上很多孩子從幼稚園就已經開始學英語了，如此一來當然會造成教學上的困擾。其實，英語並不是我們的母語，雖然現在英語學習環境比十年前優，但是對於哪個階段應該學習什麼樣的內容、國小與國中畢業生應該具備什麼樣的英語能力等問題，都是必須再加以深入研究的。

◆ 關懷弱勢孩子的英語學習環境

‧張主任

　　有鑒於此，教育部於是委託學者專家組成「綱要研訂小組」，希

望透過能力指標的制訂，提供學習者一個學習的藍圖。在這個藍圖裡面，我們規劃出國小及國中階段的英語學習，設定孩子在英語能力的培養上應該達到什麼樣的程度，希望這個綱要提出來以後，可以提供給英語教師、家長、教科書編者一個共同努力的方向，也可以提供國內關心英語教育的人士參考。總而言之，九年一貫課程英語能力指標的制訂就是本著上述的理念，參酌國外相關研究，並且考量國內實際英語學習狀況，尤其是偏遠地區、弱勢族群的英語學習情況，再經過無數次的開會研商，將擬定的指標經過多次座談會及公聽會，諮詢專家學者、教師代表、學生家長等相關人員的意見後，詳細討論所得的成果。在這個制訂的過程中，綱要制訂小組特別考慮到城鄉差距的問題，公聽會時，很多老師和家長也都反映能力不能訂得太高，因此，基本上我們所制訂的英語能力指標是屬於「低標」，也就是說不管是住在台北市或在花蓮縣的學生，都應該達到的標準。

◆ 著重情境應用的英語能力指標

· 張主任

另外，因為語言的學習應該著重活用能力，亦即學了英語之後，要有基本的聽說讀寫能力，在日常生活中，也要能夠進行簡易的英語聽說活動，譬如基本的問候寒暄、回答外國人的問路等等。再者，國中畢業生也應該具備基本的閱讀能力，譬如能夠辨認文章主旨，能夠做適當的推論，能夠從上下文來猜字義，這些都是基測裡頭所評量的基本能力。當然，限於技術層面問題，目前國中基本學測還無法評量考生的英語書寫能力，但是我認為國中畢業生應該要具備基本的書寫能力了，譬如能夠合併、改寫句子，能夠依照提示造句，而這些基本英語能力，都是我們希望學生能夠帶得走的能力。

九年一貫課程：觀點與解讀

◆ 貫串小三至小五的英語課程標準

‧張主任

目前的課程綱要是所謂的「五年級版」，由施玉惠教授、周中天教授、朱惠美教授率領一群第一線老師辛苦耕耘出來的成果。最近，因為配合政府提高我國國際競爭力的國際化政策，加上社會各界的殷切期盼，於是預計從九十四學年度起，英語教學提前到小三開始實施，但是研訂的基本理念都是一樣的。「小五版」的課程綱要有三點目標：第一，培養學生基本的溝通能力；第二，培養學生學習英語的興趣與方法；第三，增進學生對本國與外國文化基礎的認識。在「小三版」的課程綱要目標上並未有任何變動，只是進一步闡述為什麼要培養英語溝通能力。譬如，我們在第一條目標後面說明「培養學生基本英語溝通能力，是為了能夠應用於實際情境」。第二條也是一樣，只稍微擴展它的意義，成為「培養學生學習英語的興趣與方法，以便能夠激發有效的學習」。至於第三點，增進學生對本國與外國文化基礎的認識，我們在後面加了「能夠加以比較並尊重文化的差異」。因此，在基本理念上是有延續性的。

三、台灣英語教育的相關議題

◆ 英語學習落差仍為一大隱憂

‧潘教授

您提到九年一貫課程英語科的訂定理念，考量了弱勢群體、城鄉差距的學習狀況。可是，如果仔細檢視這些能力指標，實施的這幾年來一般老師是不是真的顧及了弱勢群族或偏遠地區的孩子們？

・張主任

　　這得依情況而定。當然，如果以每週一小時的學習時間安排，事實上教學資源的配合是不夠充分的。但是，能力指標有高低排序，要達到較高能力可能會有些困難，可是要達到排序比較前面的這些能力，基本上還是可以的。

・潘教授

　　能力學習具有序階性，有些序階較高的能力，須有相關資源配合才可能達到。如您所言，學習英語已經成為台灣社會的全民運動，大家都抱著不要輸在起跑點的心態而努力衝刺，但雖如此，學習落差仍舊十分明顯，這是英語科學習的一大隱憂，您認為呢？

・張主任

　　是的，首先各縣市的起始點就不一樣，學生如果從一個縣市轉到另一個縣市就讀，就會造成銜接上的困擾。另外，弱勢團體的資源非常少，這也是造成學習落差的主因。我們最近訪視學校教學時，發現百分之七十、八十以上的孩子都在外面補習英語，問他們為什麼要補習，他們都說這是一個趨勢。但是，我們看到這種情況心裡卻非常難過，因為只有那些有能力負擔得起補習費的家庭，才會讓他的孩子補習，而那些沒有能力的家庭，難道英文就得成為他們孩子永遠的弱勢嗎？現在有些人開始主張減少甚至杜絕小學一年級的補習文化，然而父母望子成龍的心態依舊，這個現象實在不容易消除，卻是一個令人相當憂心的社會現象。

◆　並重聽說讀寫、強調興趣動機、了解文化意義

・潘教授

　　您們當時研擬能力指標時是否分為「聽說讀寫」四個不同的重點？

• **張主任**

　　施玉惠教授是當時英語課程綱要研擬的召集人，那時研訂能力指標時，著眼的重點是：第一，聽說讀寫四種能力的均衡發展。第二，教導學生正確的學習方法，並且激發他的學習興趣。就像我們時常說的一句諺語：「給他魚吃，不如教他如何釣魚」，英語的學習非常重視方法與興趣，而不是只教給他英語知能而已。第三，學習語言同時也就在學習另一種文化，所以文化的學習也是不可忽略的部分。總之，施教授當時研訂能力指標時，相當重視這三方面：語言的基本能力、學習的興趣與方法，以及認識本國與外國的習俗文化。因此，九十四學年度開始的這個「小三版本」，在能力指標部分也是分成這三方面來敘述。

• **潘教授**

　　國小五、六年級階段的英語能力指標設計與國中階段不太一樣的地方，在於國小階段比較強調「聽」與「說」的教學；現在國小三、四年級也要學英語，那麼三、四年級與五、六年級在英語教學的重點上，其區別又是如何？

• **張主任**

　　很多國中老師看到國小升上來的孩子時，都說：「天呀！怎麼能力沒有我們預期得那麼好」，其實這是大家的誤解。現行的「小五版」強調只培養「聽」與「說」的能力，「讀」和「寫」就不太重視。而現在修訂的「小三版」，我們就特別注意到這個問題。我們很清楚地強調，不管是國小或者國中階段，都應該同時注重「聽說讀寫」，只是我們希望在國小階段能夠發揮兒童的在發音、語音知覺上的優勢。因此，我們把小三、小四界定為啟蒙階段，希望在這兩年之內還是以「聽」和「說」的學習為主；但在這個階段之後的五、六年級，就希望能夠慢慢加進「讀」與「寫」的能力，讓學生透過這種簡易的閱讀

材料與適當的主題，來臨摹和練習填寫字詞，自然而然地體會不同的表達形式，之後能夠將這四種能力發揮到相輔相成的效果。到了國中階段，我們希望除了基本能力之外，更強調語言實際應用的工具性功能；也就是學生應該能夠把語言當作一種溝通的工具。這就是我們對英語科的期望。

• 潘教授

您提到在編寫能力指標時，是依照語言能力、學習英語的興趣方法，還有文化與習俗這三部分來加以敘述。其中關於文化與習俗部分，我想這很難避免價值觀的引入，當西方文化進來之後，可能會產生一些和我們文化有所衝突的價值觀，老師在教學過程中如何來應對？

• 張主任

我從兩個基本角度來看。首先，語言與文化當然是不可分的，我們學習語言時，也應該把這些有趣的外國文化納入學習內容裡頭，譬如從文化的角度深入探討聖誕節、萬聖節的意義，而不要讓孩子們以為聖誕節就只是開開舞會，而萬聖節就是穿著怪怪的衣服來嚇人之類的，我們要探討的不是這些表象，而是背後深層的文化意涵。再者，我非常欽佩韓國英語科的能力綱要，它很明確地提到希望透過英語的學習，把韓國的文化習俗推展出去，我認為這是我們可以學習的方向。因此，我們也在綱要裡頭指出，希望學生能夠瞭解我國主要節慶的簡易英語表達方式；換句話來說，我們希望透過英語的學習，在課本裡頭介紹端午節、新年等節慶的意義，讓我們的孩子也能夠在國中畢業階段，就有能力向老外介紹我國的風俗民情。

• 潘教授

事實上，大家也都相當期待，是不是有更多的人可以用英語來撰

寫我們的傳統故事，如西遊記等，而這些也都可以成為我們英語閱讀的教材內容。

· 張主任

對，現在很多外籍老師到台灣來，我們應該要思考如何靈活運用他們的才能。在課程綱要裡頭也有提到，我們可以用「學校本位」的方式來編寫教材，這時候外籍老師就是很好的資源了。譬如，新竹的外籍老師可以幫忙把城隍廟的歷史和相關素材用英文寫出來，讓新竹市的孩子讀到這個單元時，特別有親切感，以後有外國人來新竹市，他們就可以把新竹市的特色介紹出來。其實這就是我所說的靈活運用外師資源。當然，他們不單只是寫教材，也可以錄製一些錄音帶或是錄影帶之類的，雖然他們可能只來一年、兩年，但是幫我們製作出來的這些東西卻是長久的。

四、能力指標的應用

· 潘教授

我們進一步來談老師可以怎麼運用九年一貫課程英語科的能力指標。不管在設計補充教材，或者選擇教科書時，老師們應該要如何應用能力指標？

◆ 作為教科書選擇、內容增刪的依據之一

· 張主任

英語科和其他科目不太一樣的地方，在於它是以語言學習為取向，而不是以學習內容為取向。雖然現在為了要讓孩子在考基本學力測驗時，能夠有一個共同點，所以有所謂一千個共同的單字，但是除此之外，我們編寫教科書時，不管是哪一個版本，只要主題符合附錄

裡所列的這些和生活相關的主題，譬如家庭、學校、休閒運動等，或者和日常生活溝通相關的主題，如打電話、問候等等，而不是太艱深的主題就可以了，其實我們對於教材的主題或者形式並沒有太大的限制。也就是說在審查教科書時，我們會檢視它到底有沒有把那一千個單字編上去。所以，它不是一個內容取向，而是一個語言學習取向。

因此，老師在選教科書的時候，要注意的應該是這些主題是不是很適當地以正確的英語表達出來，在字彙的量上面，是不是合乎基本學力測驗所要求的那一千個字的總數。當然，除了這個之外，還要考量平面教材與視聽教材，也就是錄影帶和錄音帶、電腦教學軟體之類的，是不是配合得很好。另外，在國小階段，我們希望能夠有多元化的評量活動，而不是充斥著書寫或者閱讀的考試形式，因此評量也要有完善的配套措施。其實，能力指標只是一個指導方針，上述的這些因素反而是教師選擇教科書時的一大考量因素。

- **潘教授**

能力指標的應用有多方面，除了可以引導教科書的選擇外，也可引導教師的教學，以及引導教師評量學生時如何發覺學生的能力。

- **張主任**

其實現在的老師蠻幸福的，也許他們會抱怨負擔很重，但是我們審教科書的時候，看到這些教科書都編有教師手冊，裡頭把老師應該怎麼教、怎麼樣配合能力指標的步驟，交代得十分詳盡、清楚。現在的問題在於，老師必須從教科書或教師手冊裡頭設計的這些活動之中，配合學生程度，做一個適當的取捨或添加。

◆ 作為評量指標的轉化來源

- **張主任**

另外，就評量的部分，現在大家最關心的就是如何把能力指標轉

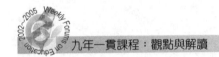

化成評量指標，而老師又該如何在教學上調整。我舉個例子，國中的閱讀能力指標裡頭，有一個叫做「能夠從上下文或圖示來猜字義或推論文意」，從九十四年基本學力測驗的範例單題來看，就可以看出如果老師要把這個能力指標發揮到極致，其實可以把它解讀成「讓學生能夠利用選文中的各種文意線索，不管是前後句子或句子裡的某些線索，來推敲句子的意思、有效掌握句子或文章的內涵」，這是第一種解讀方式。第二，我們也能夠運用圖片來幫忙學生瞭解整個文章的意思。例如，在基本學力測驗裡頭，有一題是講 "I am very…"，後面接下去是 "May I have some of cheese cake you made this morning？"這四個選項是"shy"、"thirsty"、"hungry"、"bright"，從整個題幹裡面的第二句線索，就只好選"hungry"這個字，這是一個例子。另一個是有關住宿的例子，在題目上我們可以看到一個住宿的資料，旁邊還有一個對話，內容是講 Miller 到台灣 Star Hotel（星城飯店）住宿，在和 Clerk 的對話裡頭，有一段是："By the way, I didn't write anything about my job, because I am retired." "retired"不是千字表裡頭的字。Clerk 接下去說："That's OK." Miller 說："I was a teacher, before I am retired for more than thirty years. I enjoy teaching a lot, but I am too old now."於是問題就是："What does 'retired' mean in the dialogue？"四個選項裡頭有一個是："Stop working because of age."如果從上下文來看，我們可以判斷"retired"應該是「退休」的意思。因此，雖然這個字不是千字表裡頭的字，但是經由兩個意涵的轉換，可以發現大家還是有這樣的能力。

◆ 作為學力測驗與教師教學方向的指引

・潘教授

　　教師解讀能力指標的目的，是要幫助學生從上下文的脈絡中來解讀這個字的含意。再者，教師如何幫助孩子學習這種片段的文字，事

實上也就反映了能力指標所要求的能力。

• 張主任

　　沒有錯，如果從這個角度來看，基本學力測驗實施的這幾年下來，我發現心測中心的研究員非常認真，他們以各種不同文體來命題。像九十四年題目裡頭，還有一個是講「星座運勢圖」，在題目上，它給了一個星座運勢圖，然後問了幾個問題，其中一個問題是要學生能夠根據星座運勢圖上面的說明，來推論這個人的星座。雖然能力指標看起來很抽象，可是老師卻可以在教學過程中來努力，讓它真的可以「具體」地幫助學生培養能力。

五、結語

• 潘教授

　　今天非常感謝國立台灣師範大學英語系系主任張武昌教授來到一週教育論壇，談了很多英語科能力指標的問題，讓大家更瞭解九年一貫課程英語科希望學生養成什麼樣的能力？達到什麼樣的教育目的。希望台灣這股英語學習熱潮，能夠朝向更正面、更「全球在地化」的方向發展，也希望國內的相關教育政策能夠更加關懷弱勢族群與偏遠地區孩童的英語學習權利。因為唯有全民教育的提升，才能真正提升台灣的國際競爭力。

九年一貫課程數學領域能力指標探討

主持人：潘慧玲（國立台灣師範大學教育學系教授兼教研中心主任）

與談人：林福來（國科會科學教育發展處處長、

　　　　　　　國立台灣師範大學數學系教授）

論壇日期：2004 年 9 月 5 日

❋討論題綱❋

【九年一貫課程數學領域能力指標探討】

一、前言

◆ 楔子

二、數學領域能力指標的研訂

◆ 以學生認知的發展情形來設計能力指標
◆ 以數學哲學本質的思辯來引導能力指標
◆ 以連結能力的核心訓練來聚焦能力指標
◆ 以教師的指標解讀傾向來考量指標指向
◆ 以多元批判精神的融入來修正能力指標

三、數學能力指標的研訂重點

◆ 能連結數學學習與生活經驗

四、數學能力指標的應用

◆ 以俯拾即是的生活報表，作為發展連結能力的課程素材

五、結語

一、前言

·潘教授

　　九年一貫課程已經在國小正式實施三年，在國中實施二年。在這幾年裡，大眾對於學生究竟可以從中獲得什麼能力有很多的辯論，今天就讓我們接續著語文領域之後，來談數學領域的能力指標。請到的來賓是國科會科學教育發展處林福來處長，林處長同時也是台灣師範大學數學系教授，以及九年一貫課程數學領域研究小組起草人。林處長長期關心數學教育，也做過非常多深入的研究。請您先和大家談談在數學領域的相關經歷與研究。

◆ 楔子

·林教授

　　關於數學課程，我參與的是這一次九年一貫課程草案起草，其實當初的草案與現在的版本已經有很大的差異了。民國七十幾年我也曾經參與過高中數學課程的修訂。另外，在數學研究上，我們也長期對台灣學生與教師做了很多調查。我們發現台灣學生學習數學有一些特性，譬如在分數的學習上，百分之四十左右的國一學生還是學不好；幾何的證明學習也僅有三成左右的國三學生可以學會，其他的都學不好。因此，過去的課程其實有點高估學生能力，希望大家都可以學好，但是還是有很多學生學不好、被淘汰。

二、數學領域能力指標的研訂

◆ 以學生認知的發展情形來設計能力指標

·潘教授

　　數學是好多人都很頭痛的科目，常常令人覺得學這麼多卻和日常

生活沒有太多關聯。剛剛林處長特別提到，目前的研究顯示，國一學生的計算能力不是很好，國三的證明能力也不好。面對重新思考國中、小數學課程時，這類研究是不是也給您們一些啓示？

• 林教授

是的，我們參加起草九年一貫課程綱要時，就是帶了這些想法，我們認爲應該要規劃一套把所有孩子都帶上來的課程。以往我們都高估了學生的能力，沒有什麼眞正的證據，就決定孩子一年級要學什麼、二年級要學什麼；有時候，我們又會低估學生能力。現在，這些研究就給我們帶來了證據。調查顯示，到了國三，孩子對於比例推理的概念就可以很成熟，也可以在不同情境裡面推理，即使是不同的比例結構，如三比五、四比六這種比較複雜的、不是整數倍的推理，也有百分之三十五可以做成功。亦即，有一部分國三學生的數學能力可以發展得不錯，不過這部分學生人數一直停留在這樣的比率，幾年下來都是這樣的結果。

現在，我們就要思考如何讓百分之三十五以上的學生都學得好，要怎麼設計課程；另外，對於已經學會了的百分之三十五的學生，又該如何設計課程才能讓他們進一步加強程度。於是，我們的課程設計必須把教材的能力指標放得寬廣一點，讓程度差的有機會學習，而好的可以更好。這之中，學生的數學認知狀況就是很重要的理論基礎了，我們必須思考這個階段的孩子學習狀況如何。

• 潘教授

對，所以您們並不以年級來區分，而是以階段來做區分，這是不是也跟您剛剛所談的認知研究有關？

• 林教授

是的，因爲很多孩子不一定第一次就可以完全學會，所以我們以

階段來區分，只要孩子在這個階段裡面學會就可以了，我們提供了再次學習的機會。如果是以年級來區別學習教材，事實上是把大家放在同一個標準裡面看待。其實理念與實際狀況會有落差，因為學生的個殊性很大，學習有快有慢，所以我們希望以階段來分別，讓大家有較多的學習機會、達到能力指標。

・潘教授

除了認知發展的考量之外，您們研擬九年一貫課程數學能力指標時，還考量哪些因素？

◆ 以數學哲學本質的思辯來引導能力指標

・林教授

首先，我們必須考慮課程究竟要教給學生什麼？數學本質為何？數學哲學的考量點是什麼？什麼是適合這個階段孩子學習的課程內容？我們那時候把數學看成是一種尋求規律的科學，所以會看到學生在各個階段裡面有不同的經驗與學習。例如第一個階段他經驗了一些事物、一些"pattern"；第二階段，他會察覺到這些樣式與樣式之間的關係，存在著某些規律。例如「二的倍數」就是一種"pattern"、一種規律，數學其實就是講規律。數有數的規律，圖形也有圖形的規律，例如正方形、長方形、平行四邊形，基本上是符合在某種規律、條件下的圖形。總之，我們是以"pattern"這樣的概念貫穿整個課程。從具體經驗一些"pattern"，然後察覺這個"pattern"的規律是什麼，再綜合比較、論證規律與規律之間的關係，這就形成了九年一貫課程的軸線。

◆ 以連結能力的核心訓練來聚焦能力指標

・林教授

另外，除了數學哲學之外，既然要以數學能力指標為教學指引，那麼就要詮釋何謂「能力」？能力的結構是什麼？譬如，運算能力要

在小學數學中佔多大的份量？學生什麼時候必須學會什麼樣的運算？究竟數學要學些什麼？這些相關的數學結構問題都必須一起考量進來。

• 潘教授

您們強調的學習重點是哪些？研擬能力指標時考量的因素為何？

• 林教授

譬如溝通、與生活經驗連結，與數學內部的各種「數」與「形」連結，數可以形來表示，形可以數來解讀，所以兩者間會有連結。另外，還可以和情境連結，比如學幾何的目的是什麼？是學會做幾何證明？會用平行定理來證明？用三角形性質來證明？還是要培養學生的推理能力？或者是讓學生在一個自然的情境裡面，從一些幾何元素中推論，並進一步欣賞、論證？

◆ 以教師的指標解讀傾向來考量指標指向

• 林教授

再者，我們也不能不考慮台灣的老師、教材編輯者如何解讀綱要。比如，在台灣的考試文化下，任何教材出來以後，教學時都會再加深程度；換句話說，如果現在給的是下標程度的教材，實施結果一定會到中標去，給中標則會變成高標，因此如果給的是高標，那麼只有少數人可以學會。因此指標的指向也是很重要的考量。

◆ 以多元批判精神的融入來修正能力指標

• 林教授

另外，目前國際潮流十分強調批判思考的重要性，數學數據往往會被誤用，所以我們要有批判性，才能知道有沒有誤用、準不準確、是不是合理。還有，我一直感覺台灣對於少數民族、偏遠地區孩子的

照顧很少，沒有爲他們編什麼教材，他們所學的都是大部分學生能力所不能及的教材。如果要讓他們有機會學習，那麼要布置什麼題材比較適當？要不要將他們生活裡面、遊戲裡面與數學相關的活動納進來？我們希望在這一次課程改革中，能夠把多元文化的議題彰顯出來，並給予這群弱勢族群機會、鼓勵他們發展自己的教材

• 潘教授

「一週教育論壇」也曾邀請過學者談論原住民的教育議題，提到原住民對「數」的概念和漢民族不太一樣。因此，除了將他們週邊的生活環境納入教材之外，還要思考他們如何認識數字，他們的認知發展如何。

• 林教授

是的。例如原住民獵了一頭山豬回來，每個族人都可以分到，分多少沒有關係，但是每個人都有，而且每個人擁有的肉的部位都要一樣，這就是他們的分配概念、分享概念，和我們教的一定要等分、公平的分配概念，是完全不同的文化觀點。在不同的文化觀點下，老師教學就會產生不同的問題。

有一個小故事，是一位台灣師範大學博士生的故事。這位博士生和一群原住民小朋友生活很久，有一天，他想要買蛋糕請他們吃，就買了蜂蜜蛋糕，切成一塊塊給小朋友吃。然而，切給其中一個小朋友吃時，蛋糕裂成兩塊，他就把這兩塊一起給小朋友吃，但是其他小朋友卻說爲什麼這個小朋友拿到「兩塊」蛋糕。對他們來說，分配並不是一種「等分」概念，而是「個數」概念，因此不管大小不一樣，他們只看個數一不一樣。

有些原住民的時間觀念、距離觀念也和我們不一樣，他們認爲上山的距離和下山的距離是完全不一樣的，因爲花的時間不同。其實原

住民是以聲調的長短來表達距離，家的距離有多遠，是看他講話的聲調有多長來表示，他們可以很自然地區分我家比你家遠，但是我們卻沒有這種能力。所以不同文化下，對於生活裡的數學經驗是不一樣的，我們設計課程時，要讓他們有機會可以把這些經驗納入。

• 潘教授

聽起來挺有意思的，所以您們也特別釐清哲學主軸、數學能力結構，並考量孩子們的認知發展，而且這些都是定位在為所有孩子設計的數學課程，因此融入了多元文化觀點。

三、數學能力指標的研訂重點

• 潘教授

進一步向您請教的是，當時您們研擬九年一貫課程數學領域能力指標時，研訂的重點有哪些呢？

◆ 能連結數學學習與生活經驗

• 林教授

最重要的就是除了傳統以「題材」訂定能力指標外，我們加了一個「連結」主題。所以，我們有數與量、有代數、有幾何、有機率統計，另外還有一個跨題材的「連結」。這個理念可以回溯到八０年代數學教育思潮的主軸，即「問題解決」，在美國叫做"problem solving"，在英國、歐洲用"problem investigation"（探究）一詞。也就是除了要能解決他人給予的真實問題之外，自己也要能夠在真實情境裡面形成有意義的問題，並進一步解決問題，這就是探究的層次，也是當時教育思潮的主軸。換句話說，就數學教育思潮的流變來看，一開始是看數學學習成就的結果，後來轉而重視解決問題的過程、方

法。因為要解決實際問題，就必須和別人溝通，需要連結轉換的能力。因此，在這次九年一貫課程規劃裡面，有一個特別的非數學題材主題，就叫做「連結」。「連結」概念是從探究、解決問題的思潮來的，所以它的能力指標和一般不一樣，是一個很獨特的設計，目的是要和世界接軌。比如，美國的數學課程已經把數學看成是一種推理、溝通或連結，因此我們不能只停留在知識、計算，以免未來我們的孩子要在世界上和各國競爭時，處於劣勢。所以，我們一定要讓孩子學習思考性的、對他們而言有意義的數學知識，而這就是「連結」。連結單元的能力指標沒有什麼特定的題材，但是如果我們要探究問題、解決問題，就得經歷這個歷程，而這個歷程本身就成為我們的能力指標，這與一般能力指標的設計不同。

• 潘教授

可不可以舉具體實例來看，您們設計了哪些連結指標呢？

• 林教授

我們強調學生學習和現實生活連結，所以他會察覺生活中和數學相關的情境。有一次我搬到新店住，那是一個新社區，有三百二十戶，前三年由建商幫我們付管理費，後來才規定每一戶要負擔多少管理費。這個社區是由三種不同的建築構成，一種是獨棟，另一種是上下二層的疊屋，也就是有四層，最後一種是公寓型。公寓型的坪數大概六十一坪，疊屋大概是七、八十坪，獨棟的大概都是一百多坪，不同的坪數、不同的大小，怎麼分配管理費？那時候大家議論紛紛無法定奪，他們就想我們社區有個數學家，問問他怎麼處理。我說這個很簡單，當然是以坪數來算，因為住得大就應該付得多；但是，那些大住戶就說，我家也不過住三個人、四個人，你們家也住這麼多人，而管理費的使用是以外面公共設施為主，所以應該以使用多少來付費，而不是以住家坪數來算。兩邊聽起來都很有道理：管理費確實是以公共

設施爲主，例如大門的管理、花園的整理、公車的服務、三溫暖、游泳池，這些都是外面的沒有錯，所以並不應以住家坪數的大小來決定；然而，管理的好不好，會讓這裡的房價呈現不一樣的價值，管理好的話，坪數大的住戶便佔優勢，增值較多，因此大住戶就會有潛在利益，這也是考量的一部分。如果要同時考量這兩個部分，就等於「aX+bY」，「X」就是以一戶爲單位，應該佔幾成，「a」就是幾成，所以「a+b」就是 1，「a」如果是 4 成，「b」就是 6 成，「X」是多少這很容易算，以坪爲單位就是「Y」，這個「Y」要佔多少也很容易，於是「aX+bY」就這樣設出來了，再讓大家投票表決「a」與「b」的比例，之後大家就取得共識了，到現在我們住了七八年，都沒有問題發生。其實生活周遭裡面有很多問題可以用數學來解決，它蠻簡單的，容易取得共識，讓我們能在民主過程中順利解決問題，而這就是一種連結。

- 潘教授

　　不過，有些太艱深的數學，似乎很難做到連結？

- 林教授

　　太艱深的數學很少在生活裡面運用到，因爲數學是抽象化導引出來的，基本上具有科學性，所以這部分的數學連結是發生在與高深知識連結，而不是與生活連結。比如，「三角函數」其實蠻深奧的，很少可以在日常生活裡頭使用。不過，台北市曾經公布一個規則，當初林肯大郡崩塌之後，曾規定以後超過「三十度」的山坡地不可以蓋房子，那麼三十度要怎麼算？如果把山坡地畫成一個三角形，「三十度」的意思就是「tan30」，「0.3」的意思，也就是兩股的比是 0.3，換算下來，銳角的角度大概只有 16.7 度，幾乎和平地差不了多少，也就是台灣大部分的山坡地都不能蓋房子。這個就是連結，當我們置於這些情境下，然後轉換、思考它的意義，數學就能讓我們了解很多事情。

・潘教授

連結也能讓我們的數學學習更加有趣。

四、數學能力指標的應用

・潘教授

當老師們看到這些能力指標時，要怎麼應用在教學裡呢？

◆ 以俯拾即是的生活報表，作為發展連結能力的課程素材

・林教授

現在是以能力來看孩子的學習，而不是以他學了多少知識來看，其實學很多知識不一定可以表現出來，遇到事情時也不一定能夠應用，因為這些都是靜態的、死的知識，這不是我們數學學習的目標，真正的目標在於能力。因此，老師可以從連結的角度來看所有數學學習內容，其實就是一件好事。比如，讓學生能夠報讀報紙中常見的「直接對應表格」、統計表格等等，這就是好的連結。統計表格常常有，學生可以報讀身高體重、颱風頻率、經濟成長率與離婚率的關係等表格，老師要備課也十分便利，上網蒐集資料就是一個最快的方法。學生解讀這些報表及其可能的關係之後，我們再來進行討論，這樣數學課就會變成很活潑的一門課了。

・潘教授

教師在上這些統計與機率、代數、數與量等等單元主題時，您們都希望教師可以做一些連結的功夫？

・林教授

是的，基本上連結是一個可以跨越題材的呈現方式，讓孩子可以學得更有感覺、更有意義，這就是我們設計的目標。

- 潘教授

這麼說來，連結是數學課程的一個核心。

五、結語

- 潘教授

感謝國科會科學教育發展處處長，同時也是台灣師範大學數學系的林福來教授來到一週教育論壇，談了很多有關數學領域能力指標的轉化與解讀，讓我們清楚瞭解到數學能力指標的研訂考量了學生認知的發展、數學哲學的本質、能力連結的訓練、教師解讀指標的傾向以及多元批判的精神，更說明了數學學習如何與生活經驗作聯繫。下次論壇，我們將繼續談論社會領域的能力指標。

九年一貫課程社會領域能力指標探討

主持人：潘慧玲（國立台灣師範大學教育學系教授兼教研中心主任）

與談人：陳新轉（華梵大學人文教育中心助理教授）

論壇日期：2004 年 9 月 12 日

☀討論題綱☀

【九年一貫課程社會領域能力指標探討】

一、前言

◆ 研訂社會科課程領域的經驗

二、社會學習領域的學術造型

◆ 社會學習領域以社會議題為課程組織核心
◆ 重新建構社會學習領域的知識結構

三、解讀社會學習領域能力指標

◆ 能力指標解析法
◆ 解讀能力指標三要件：教師闡釋說明、掌握概念知識、提供應用情境
◆ 逐條解讀能力指標之必要性
◆ Bloom 認知領域教育目標之運用

四、結語

一、前言

・潘教授

在這幾次論壇中，我們製作了一系列探討九年一貫課程能力指標的節目，今天要和大家談的是社會領域，請到的來賓是華梵大學人文教育中心陳新轉教授。陳教授曾經擔任過九年一貫課程綱要社會領域諮詢委員的工作，請陳教授先簡單談一談您在社會科領域的相關研究經驗。

◆ 研訂社會科課程領域的經驗

・陳教授

當時研發小組大概花了兩年的時間研發課程綱要與能力指標，我在第二年時加入，那時候我還在國中任教，是以國中老師的身份參與諮詢工作。研發小組工作完成時，我正好拿到博士學位，而研發小組的原本召集人黃炳煌教授，也是我的恩師，他希望我能為這整套課程的落實多付點心力，於是我便投入了九年一貫課程社會學習領域的推動。長久以來，我一直投身這波改革之中，期間發表了一些著作、演講或者出版，若有需要，也會到全國各地參加各種研習會，並且也一直不斷進行能力指標的解讀工作。我對九年一貫課程改革的兩個問題特別關心，這兩個問題也是九年一貫課程的關鍵，也就是教師專業能力中的課程統整能力與能力指標解讀與轉化能力。於是，到了今（民國九十三）年六月底，教育部新任部長以及主任秘書蒐集全國各地有關能力指標解讀的問題時，發現主要問題在於老師對於能力指標的解讀感到困惑，希望我們能夠提出一套解讀方法。因此，我就提出了去（民國九十二）年暑假開始進行的研究成果。與會者看了之後，覺得蠻符合老師們的需要，於是今年八月四日，教育部會議便正式決議這份研究成果可以作為七大學習領域能力指標解讀的格式。至於社會學

習領域的部分，我們一直持續在努力，希望今年九月底能夠完成初稿。

二、社會學習領域的學術造型

◆ 社會學習領域以社會議題為課程組織核心

•潘教授

　　社會領域和其他領域不太一樣的地方就在於它涵蓋了不同的科目。我們知道數學、英文、國文都是單純由一個科目組成的，可是社會領域裡有歷史、地理、公民等不同的科目。當時您們研訂指標時，如何統整性地研訂出不同科目中的能力指標？

•陳教授

　　根據黃炳煌教授的描述，當初他們是在民間支持下研發統整型的社會科課程，後來正巧九年一貫課程改革開始，他發現這兩者的理念是相通的，因為九年一貫課程也是走統整導向的領域規劃，於是他便負責七大領域之社會學習領域課程研發。比如，統整課程強調「以生活為中心」，強調「學生本位」，如果以這個觀點來看，事實上課程必須做很大的調整，課程組織的核心必須貼近學生的生活經驗，而無法再依照以往的分科方式進行。

　　另外，所謂「社會學習領域」，就是"Social Studies"，我發現長年以來社會學習領域的走向都有點偏差，這次走回「領域」的規劃，才真正符合當年"Social Studies"課程觀念的原意。"Social Studies"有一個很重要的重點，就是「領域課程」，什麼是「領域課程」？這是一個很有意思的課程觀念，所謂「領域」，並不是指「學科」，而是一個「學習範圍」。怎麼樣才能形成一個學習範圍？勢必要用社會重要議題作為課程組織核心，如此一來學習的內涵才夠豐富，也才能夠

產生跨學科的學習經驗。

◆ 重新建構社會學習領域的知識結構

・潘教授

　　幾十年來各學科早已有自己的知識結構，歷史、地理、公民都有它自己的知識疆界，若要重新打散這些知識結構，統整為社會學習領域，難度恐怕很高。現在教育部也主張雖然課程綱要鼓勵合科，可是不必一定都得合科進行。因此，我想請問陳教授，當時您們擬定能力指標時，考量的焦點是三種不同科目裡的統整能力呢？還是有些能力指標會偏向某個科目？

・陳教授

　　當時的想法是仿照美國 NSC(National Standard Curriculum)的課程標準模式。它的研發過程是先從課程目標開始，接下來考慮整個社會學習領域應該包含哪些重要內涵，由此產生了九大主題，這九大主題就包含了傳統社會學科。在這些課程裡面，會把重要的知識或者學習內容納進來，然後再轉化成能力指標。這裡又涉及到一個問題，就是所謂「知識體系」的問題。傳統學科當然有其知識系統，可是統整走向的課程並不是沒有知識系統，事實上，如果它能夠形成系列的安排，考慮課程連續性的問題，一樣可以形成知識系統，當然這也涉及到如何落實課程統整理論的問題。

　　國內談到課程統整時有一個很大的盲點，就是一直在「合科、分科」上爭議不休。其實，社會學習領域後續的課程發展應先決定重要的課程主題是什麼，就社會學習領域的學理來說，首先應該包含人類最重要的事物是什麼？社會共同關注的議題是什麼？我們應用這種方式來選擇課程組織核心，以學生重要的生活經驗、重要的生命歷程為課程組織核心。決定課程組織核心之後，再把能力指標（現在已

經訂出來能力指標）的知識內涵做一個清楚的解讀，並整合這些知識內涵成為重要的課程主題，並形成脈絡。當我們在這個結構中重組這些知識內涵時，其實就形成所謂的「知識系統」。因此，歷史、地理、公民的知識結構不是唯一，我們還是有加以重新建構、重組的可能。

· 潘教授

　　三科合在一起的知識系統當然與原本的歷史、地理與公民三科分開來的知識系統有所不同。目前社會領域裡頭有九個主題軸，這九個不同的主題軸都是統整性的，如您所言要以學生為主體出發，思考生活、生存、生計、生命的意義是什麼？如此慢慢地擴充，就可以看到人與空間、人與時間、演化與不變、意義與價值、自我、人際與群己，還有權力、規則與人權，生產、分配與消費，更進一步到科學、技術與社會，最後第九個主題軸是全球關連。當然，這九個主題軸就是一個知識體系，但是這樣的知識體系和原本的歷史、地理、公民知識體系是有所不同的；另外，這樣的知識體系有沒有辦法涵蓋原本三個個別科目的所有內容，這就是為什麼許多人談課程統整是不是要合科的原因。

三、解讀社會學習領域能力指標

· 潘教授

　　我想進一步請問陳教授，社會領域發展出主題軸、設計出能力指標之後，老師們要如何來解讀這些能力指標呢？

◆ 能力指標解析法

· 陳教授

　　能力指標是透過多場公聽會、廣泛徵詢老師意見而訂定的，因此

我們寫能力指標時是假定每位老師都看得懂，所以老師解讀能力指標時不要對自己沒有信心。目前，我看到幾種解讀能力指標的做法，大部分是採「解析法」，例如當我們面對一條比較抽象的課程目標時，就將它的內涵再細分成幾條，就會在「1-1」之後衍生出「1-1-1」、「1-1-2」，當然這也會出現「合適與否」的現象學、詮釋學等哲學問題。我曾經開發出一個方法，去年暑假我們找了老師來實驗，發現老師可以在我的指導下把能力指標解讀出來。後來，這個方法又推廣到南投縣，舉辦兩次研習之後，南投縣社會學習領域輔導團也按照這個方法產生自己的社會學習領域能力指標解讀成果。

◆ 解讀能力指標三要件：教師闡釋說明、掌握概念知識、提供
　　應用情境

・陳教授

　　能力指標的解讀必需包含三樣東西：首先，老師必須以自己的方法來闡述說明能力指標。這是一個「驗證的機制」，如果不能這樣做，那麼就不應該解讀。在提出老師自己的闡述說明之後，還要注意三件事情加強驗證，第一，在語意表達上必須與能力指標相似；第二，提出的能力指標說明在邏輯上必須和能力指標本身的邏輯關係一致，不要本來是「A 影響 B」，經過解讀說明之後變成「B 影響 A」，本來是「互動關係」講成「因果關係」就不對了；第三，能力指標說明涵蓋的範圍不能少於能力指標本文的意思。如果可以符合這三個驗證條件，那麼就是具有理解能力指標的能力。

　　再者，老師必需掌握能力指標的主要概念性知識。雖然能力指標是一個能力導向的課程目標，賦給老師培養學生「能力」的任務，而不是只經手知識學習就好了；然而，能力的培養也必須以知識為基礎，所以一定要先掌握能力指標的主要知識內涵，如果覺得這個知識內涵不夠具體，就必須作概念分析。

最後，老師必須提供應用能力的情境。所謂「應用」就是要提出教材或教學活動事例，幫助學生掌握這些重要的概念性知識。

• **潘教授**

老師解讀九年一貫課程社會領域能力指標時，要先說明指標、要掌握指標的概念性知識，並且要應用。可否請陳教授進一步舉個例子做說明？

• **陳教授**

就能力指標的說明上，例如第三軸第四學習階段第一條能力指標（「3-4-1」）為「舉例瞭解、解釋個人的種種需求與人類繁衍的關係」。首先，我們要先簡單說明這條能力指標，從字面上來看，它的意思是列舉某個人的需求、解釋這種需求，而且這個個人需求必須是與人類繁衍有密切關係的、具有普遍性的，必須透過社會系統來獲得滿足的，如此才能將個人需求與人類繁衍間的關係串起來。當然，這樣的解讀可能人言言殊，但是不管我們的解讀內容說明如何，必須回到前面提到的三個驗證指標來驗證，因此重點不在於每個人的解讀都要完全一致，只要我們沒有偏離能力指標的本意就可以了。

接下來，我們要掌握主要概念性知識，這條能力指標特別提到「個人需求」，我們必須先分析到底個人有什麼樣的需求？也許可以根據食衣住行來分析，或者依據某某專家學者的分析。列出許多例子之後，要怎麼做選擇呢？我們要回頭看看原先的能力指標說明，發現這樣的個人需求不是一種特殊性的需求，而應該具備普遍性，否則無法與人類的繁衍關係建立邏輯上的意義。再來，關於「人類繁衍」一詞的概念，可以包含生存、生計方面的問題，然後我們必須思考「個人需求」與「人類繁衍」之間的邏輯關係到底是什麼？最後，串結這三項概念之後，就成為我們必須掌握的主要概念性知識了。

　　最後是應用的步驟。我們把概念性知識教給學生時，當然會蒐集教材、設計教學活動來輔助。因此，可以運用「家庭」這個觀念來讓他認識家庭的功能，發現家庭滿足了人類的哪些需求，例如達到生命的繁衍或者生命的養育等等，這個教材就扣緊了能力指標上的「人類繁衍」。值得注意的是，當我們運用這些教材時，必須要將它轉化，因為這些教材不一定符合能力指標，因此我們必須加以轉化，才能幫助學生學得能力指標的主要概念性知識。

◆ 逐條解讀能力指標之必要性

‧潘教授

　　由於社會科九個主題軸各有不同的能力指標，若要全部經過上述的解讀，對老師而言是否會太過沉重？

‧陳教授

　　表面上逐條解讀似乎是比較零碎且繁瑣的，不過，經過我們的嘗試發現，這並不是一個非常浩大的工程，而且沒有那麼複雜，它只是一個基本動作的連續，真正應用時，能力指標會出現很多連結、統整或成區成塊的狀況。因此，在成區成塊的能力指標中，我們就可以規劃出一系列的課程主題出來，然後同時處理好幾條的能力指標。

　　解讀能力指標是很重要的，因為從能力指標出發的課程發展，才能不偏離能力指標的範圍。這與傳統教科書不一樣，傳統是從課程目標的設定開始，然後提出課程計劃、課程大綱、教學單元、教學目標，完成之後，再拿出能力指標來一一對應。這種「對應」的觀念造成教材與能力指標很大的落差。比如，教材裡面如果談到聯合國的創立、聯合國的組織、聯合國的功能，老師可能會認為這與能力指標「9-4-6」「討論國際組織在解決全球性問題上所扮演的角色」有關，但是事實上教材只講到了聯合國的創立、組織、功能，至於「角色」卻沒有談

到，這就會產生差距或者模糊地帶。因此，我要提醒大家，教育部已經明定九十四年基本學力測驗乃根據能力指標來命題的，而不是以某個版本來命題，因此老師不能以補充教科書「量」的方式來解決所有問題，而必須回歸能力指標的真義與解讀。

• 潘教授

當老師面對這麼多條不同的能力指標時，要逐一解讀再歸類，還是先歸類後再做統整性的解讀？哪種做法較好？

• 陳教授

理想上應該先逐條解讀。實際上，解讀工作並沒有那麼繁瑣，因為並不是每一條能力指標都需要大費周章來解讀，如果這麼困難，那麼責任就在於課程研發小組了。較難解讀的能力指標其實並不這麼多，可是有沒有真正著手解讀，結果將會有很大的不同。例如，在能力指標裡面有一條「1-2-5」「調查家鄉人口分佈、組成和變遷狀況」，很多老師在做課程設計的時候，會認為自己的教材設定目標和它一樣，可是仔細比對之後才發現，雖然具備「分佈狀況」，但是卻漏掉「變遷」的問題。其實這條能力指標看起來很簡單，但是有沒有經過解讀卻造成了這麼大的差異，因此，我認為能力指標還是需要教師逐一解讀。不過，有個問題我希望教育部能夠注意到，我認為能力指標與課程的落實必須做到課程、教學、評量相互一致。

◆ Bloom 認知領域教育目標之運用

• 陳教授

除此之外，能力指標的解讀還有一個很嚴重的落差，就是我們究竟可不可以套用 Bloom 的教學目標分類觀念？我看到很多解讀方式是如此套用的，包括現在九年一貫課程推動小組所做的研究報告書，也是根據這樣的理論。但是這衍生了幾個問題：第一，假如我們套用

Bloom 的教育目標分類觀念，也就是「認知、技能、情意」三種分類，再來對照能力指標，可能會犯下邏輯上的謬誤，因為我們追求的既然是相同屬性的目標，其實就不需要做這麼大的課程變革了。第二，若照它的動詞分類，以社會學習領域來說，情意部分只有百分之九，正好陷入大家對社會領域的最大批評，也就是一個「缺德」的教育。社會學習領域對培養學生的公民素質是何等重要，結果情意部分的能力指標不到百分之九，在邏輯上是講不通的。另外，還有一個問題存在，當我們套用 Bloom 的分類方式時，基於評量需要，可能只關心「認知」的部分，於是有些動詞就沒辦法比對。譬如，碰到「探索」這個動詞就無法解決了，不曉日後將如何評量這個能力指標，尤其是基本學力測驗時。因此，如果這些問題沒有進一步處理，會讓老師認為反正不會評量情意的能力指標，那麼就可以不去重視它。

• 潘教授

　　如果我們仔細檢視每項能力指標，會發現它所蘊含的內容不一定可以完全切割成「認知、情意、技能」，事實上有些能力指標包含了兩個以上的面向。再者，二○○一年 Bloom 的認知領域教育目標已經改為二維度的分類方式，似乎在運用上，有更大的彈性。這些問題，都值得我們再次深入探討。

四、結語

• 潘教授

　　今天非常感謝華梵大學人文教育中心陳新轉教授來到節目中說明社會領域能力指標的解讀及其應用，希望日後還有機會針對如何運用 Bloom 的教學目標分類方式解讀能力指標作更深入的探究，讓九年一貫課程能力指標的解讀能夠有一個更系統化的模式。

九年一貫課程自然與生活科技領域能力指標

主持人：潘慧玲（國立台灣師範大學教育學系教授兼教研中心主任）

與談人：陳文典（國立台灣師範大學物理系教授）

論壇日期：2004 年 8 月 22 日

✹討論題綱✹

【九年一貫課程自然與生活科技領域能力指標探討】

一、前言

二、自然與生活科技領域的形成

三、自然與生活科技領域能力指標的研訂

　　◆ 能力指標研訂重點：科學知識、科學態度、科學方法、
　　　　思考智能
　　◆ 能力指標研訂理念：培養科學素養

四、能力指標的應用

　　◆ 以能力指標為目標，彈性選擇教學法
　　◆ 以能力指標為依據，多元選擇教科書

五、自然與生活科技領域能力指標的轉化

　　◆ 創造思考能力強調潛能發展空間
　　◆ 批判思考能力重視問題解決歷程
　　◆ 推論思考能力取自生活經驗素材
　　◆ 知識教育著重核心概念

六、結語

一、前言

・潘教授

今天我們談九年一貫課程自然與生活科技領域能力指標的相關議題，請到的來賓是台灣師範大學物理系陳文典教授。一週教育論壇針對九年一貫課程領域的能力指標議題，前後談過了本國語文、外國語文、數學及社會領域，今天則就自然與生活科技領域作探討。陳教授是九年一貫課程自然與生活科技領域研修小組的副召集人，對於九年一貫課程綱要的內容非常熟悉，因此特別邀請他來作分析。

二、自然與生活科技領域的形成

・潘教授

過去進行分科教育時，生活科技（原稱工藝）是與自然領域分開的，現在九年一貫課程則把自然與生活科技合在一起，這依據的是什麼想法呢？

・陳教授

編輯總綱時，他們希望科學學習的素材最好是從生活題材出發，讓學習與生活經驗貼近，以便於將所學應用到生活上，這就是國外最流行的"STS"。第一個"S"是 Science（科學），我們學習科學；第二個"T"是 Technology（技術），包括操作技術與科學方法應用技術；最後一個"S"是 Society（社會）。我們所處理的科學問題是生活上或社會上的問題，故科學的學習也要從生活與社會切入。"STS"是非常好的理念，也是我們這次新課程所強調的重點，希望學習能夠幫助孩子解決問題、適應生活，甚至進而改善生活環境。因此，我們相當重視學習必須從生活題材中抓取資料，而我們將生活科技與自然科學放

在一起，也就潛在地吻合了"STS"的理念。

當然，這是我們第一次嘗試，其實原本生活科技所追求的目標是非常實際的，而自然科學強調的則是思維與方法上的訓練，所以兩者的重點並沒有非常吻合。在這一次新課程的研訂過程中，早期生活科技學界與自然科學學界都站在學術立場上作考量，經過一番爭辯、一段磨合之後，大家開始知道要如何在實際應用中學習科學，讓生活即教育，這是雙方都要努力的方向。

• 潘教授

換句話說，目前研訂出來的能力指標反映了剛剛陳教授所說的"STS"精神？

• 陳教授

是的。

三、自然與生活科技領域能力指標的研訂

◆ 能力指標研訂重點：科學知識、科學態度、科學方法、思考智能

• 潘教授

九年一貫課程中自然與生活科技領域能力指標的研訂重點是什麼？有哪些要項？

• 陳教授

就這個領域而言，以往的教學注重三個部分：第一個部分是科學與生活科技知識，第二部分強調科學學習所培養的態度，亦即科學態度。另外，則是科學方法的應用。我們以往非常強調這三個部分的學習，不是只有知識本身，還包括態度與方法的應用。

然而，在九年一貫課程裡面，我們特別強調學生解決問題的能力，希望學生能夠養成獨立自主、終身學習的習慣與能力。因此，除了前面三項學習主題之外，勢必還要加上一種「覺知」，一種重視要做的事情、願意投入的態度，這種強調自主性的心態，我們把它稱做「思考智能」，這就是新課程所強調的重點。

• 潘教授

自然與生活科技領域的能力指標要項共有八項，除了新加入的「思考智能」之外，還有「過程技能」、「科學與技術認知」、「科學本質」、「科技的發展」、「科學態度」、「科學應用」、「設計與製作」等。

• 陳教授

表面上好像是從三項變成八項，事實上「科學與技術認知」和「科技的發展」屬於知識方面，等同於以前的「科學知識」。另外，「過程技能」是屬於科學過程技能，延伸推廣之後就成為思考智能，思考智能包括創造、批判、綜合統整等等比較高階思考的能力。從這裡，我們就可以了解到「科學本質」可算是一種素養，科學過程與知識都是有憑有據的，因此我們在應用時就會非常謹慎，並且帶著一種踏實、現實的感覺。另外，關於「科學應用」或是「設計與製作」，意思是當學成之後，自然就會把所學到的東西應用到生活上，尤其是我們現在都希望引入生活素材作為材料，因此所學的東西很容易應用到生活上來解決問題，而無需另外設計材料。

• 潘教授

不論怎麼分類，內容重點的研訂不離剛剛所說的科學知識、科學方法，以及科學態度三大項主軸。

◆ 能力指標研訂理念：培養科學素養

• 潘教授

進一步要請教陳教授，能力指標研訂的基本理念是什麼？

• 陳教授

課程總綱主要在培養學生的基本能力，以自然與生活科技語言來說，就是一種「科學素養」，包含批判、創造或者綜合統整的過程技能，都是自然科學學習的重點，而這些都是將十項基本能力轉化而來的科學語言，便於科學老師瞭解。

四、能力指標的應用

• 潘教授

接下來，我們要進一步瞭解的是老師們可以將這樣的能力指標用在哪些地方呢？

◆ 以能力指標為目標，彈性選擇教學法

• 陳教授

以往老師習慣以教材為主，似乎只要把教材大綱給老師，他就知道怎麼教，或者只要透過這些教材的學習，學生就會獲得很多能力。然而，現在的新課程著重的是「能力」，至於教材則是其次。所以，這種以能力為本位的課程，勢必會對教材或教學有所鬆綁，因為它主要的目的只是達成目標，因此不會給予過程太多的限制。因此，當老師遇到新課程時，他一定需要時間調適，要依靠專業來自主地調整教材或教學。

是故，在能力指標的應用上，最重要的是老師一定要考量教學法，使他的教學法能夠嘉惠於每一位學生，發展各自的潛能。於是，

我們可以採取小組活動方式，透過同儕學習，讓程度比較好的同學和學習比較慢的同學相互指導。這些教學法與評量都是新的教學技能，假如我們以教材角度來看，可能會有點不適應，而這就得依靠教師的專業自主來進行調整。

◆ 以能力指標為依據，多元選擇教科書

• 潘教授

您說的沒錯，以前我們的課程標準對於教材內容訂得十分詳盡，現在教材鬆綁，僅訂定能力指標，至於老師要用什麼樣的教材，則有許多的選擇彈性。因此，我們也要進一步問，坊間有這麼多版本的教科書，究竟要選擇哪一個版本？而這些能力指標又能如何幫助老師作選擇？

• 陳教授

老師在選擇教科書的時候，因為要對學生、家長負責，於是必須考量學生在學力測驗、升學考試或甄試時能不能夠應付。因此，課程改革不能僅單方面要求老師理想上要怎麼做，因為他要顧慮的層面非常的多。這時候學力測驗的角色就很重要了，假如學力測驗不在於評測、批判學生的創造能力、自學能力，那麼老師為什麼要從這邊來努力呢？其實學力測驗無法包山包海，筆試有它的侷限性，我們應該要積極考量另一種甄試方式，來評量學生的創造力或者其他能力。

總之，現在學校遭遇到的首要問題就是老師不習慣改變教學方式。我認為只要調整一下聯考或學力測驗的方向，就可以讓老師改變。然而，如果客觀條件、先決條件還未達到就突然要老師改變教學，老師們恐怕會十分憂心教學改變之後的結果，而這也是目前兩三年推下來最大的困擾。其實，只要客觀條件備妥，並給老師一、兩年的調整時間，我相信老師的素養就可以很快地養成，並且對於自己的教學

能夠信心十足，而學生學習到的能力也能在各種競爭場合裡頭被重視、被評鑑。

• 潘教授

現在教科書的內容，是不是都反映出您們當時所編的這些能力指標？

• 陳教授

其實我們給出版社的緩衝時間非常短，當時八十九年公布課程綱要，九十年各出版社就送審了。送審時，他們固然列出了三年的教材，但是要設計一種完全以學生為主的教學法並不容易。因此，目前他們雖然是主題式的教學，也會以批判性、創造性問題來教學，可是只用在平常的教學評量上，而不會出現在段考，因此很難脫離以前以教材大綱為主的陳述。總之，目前教科書大致上還是以教材、知識傳授佔的比例較大，僅有些微的改變。理想上，我比較偏愛主題式教學，因為學生比較容易掌握這樣的題目大小，而且也可以設計成他們關心的問題。如此一來，也比較能夠培養他們願意主動負責的習慣。不過，目前這部分的教材還有待努力。

• 潘教授

主題式與模組式是不是有些關連？

• 陳教授

對。

• 潘教授

那麼與現在的教材最大的差別在哪裡？

• 陳教授

主題式教學可以寫成教學模組。所謂「教學模組」就是一個教案，

在教學模組裡頭，我們可以把所有類似或變通的活動都寫上，以供日後彈性使用。現在非常重視學校本位課程，學校本位課程很重要的一個特徵就是教學法的因地制宜，因此，我們可以從教學模組所列出來的一系列教學方法中，選擇適合的，也可以再加上自己編的活動。總之，教學模組就是主題式教學的擴大。

* **潘教授**

現在有沒有什麼教科書是用模組的方式來設計的？

* **陳教授**

目前沒有，多半是以主題式方式來寫。

* **潘教授**

其與過去課程的差異在哪裡？

* **陳教授**

過去教科書是依照邏輯體系來寫的，現在雖然也是以這樣的概念來寫，不過是以主題式為主。以「萬有引力」為例，教科書就會有一個主題談萬有引力，當然，最理想的是從生活裡面來談這個議題，不過目前還是以知識結構為主，畢竟還沒走得那麼快。

五、自然與生活科技領域能力指標的轉化

* **潘教授**

再來要請問陳教授的是有關能力指標轉化的部分。我們看到課程綱要裡有批判思考、創造思考、問題解決能力的培養。以創造思考為例，有些能力指標提到希望學生遇到問題時，能夠主動自主地思考，尋求解決策略。面對這樣的能力指標，老師要如何轉化它？

◆ 創造思考能力強調潛能發展空間

・陳教授

　　自主解決問題的能力是很重要的。老師上課時,可以丟出一個問題讓學生解決,學生也許用舊經驗,也可以採創新方法來解決,這些都是有別於以往的一種創新教學方法。另外,學生將解決的辦法寫下來之後,我們要如何評量它?創造性的作品不能評斷對錯,只能挑出優點來發揚,而學生從學習與評量的結果中也會學到,自己不一定要是牛頓或愛因斯坦才能解決這些問題,因此上述這條能力指標就達成了。總而言之,假如教學法與評量方法可以改變,鼓勵學生有創造的空間,那麼他的能力就會激發出來。因此,能力指標不是拿來教的,而是讓老師作為轉化教學的依據。

・潘教授

　　換句話說,許多能力指標的訂定是要培養孩子具備某項「能力」,不是著重在教材教導的層次上,而是要落實在教學實施、教學方法、評量方法等層次上。

◆ 批判思考能力重視問題解決歷程

・潘教授

　　您提到要培養孩子具備批判思考能力,可不可以舉例說明?

・陳教授

　　舉例來說,如果我們會說什麼大小的杯子是剛好,這就是知識的傳授;假如是批判思考教學,我就會問學生裝水的杯子可以設計成什麼樣子?有沒有什麼創意可以改變它的造型?這就是一個批判性的問題了。學生碰到這個問題時,他會想杯子的用途是什麼?要怎麼用最少的成本來做?如何才能不燙手?於是,他就有各種想法出來了。

　　批判思考教學法通常都會有創造思考的歷程,以往我們很少問學

生的意見，認為由我來告訴你答案就好了，但是現在我們認為沒有什麼「最好的答案」，而會問學生意見，讓他從他的角度來看事情、來解決問題、來進行批判思考，這就是一種教學法。

◆ 推論思考能力取自生活經驗素材

・潘教授

推論思考呢？我們如何讓學生學習運用演繹推理能力？

・陳教授

現在教科書版本很多，因此，考推論時並不是把每本教科書都考出來，而是從生活中尋找素材，特別是演繹推論的能力並不是知識的背誦，更需要從生活經驗來評量。因此，我們建議考試的重點不在材料上，而是要根據這些材料及生活，加以歸納、推論或者批判思考，如此一來才不會使得一綱多本的政策造成學生的負擔。

◆ 知識教育著重核心概念

・潘教授

除了能力的培養之外，關於實質內容，亦即教材知識部分，要如何進行教學呢？

・陳教授

我們認為既然教材是以「核心」的方式呈現，那麼核心概念就不需要太多，只要說明主題是什麼就可以了。例如，如果我們要談的是天氣觀測，那麼當然可以從中學到很多類似的知識，但是真正要考的核心知識非常少，只是一些基本的知能引導我們來學習這個主題而已。

・潘教授

所以家長們可以不要太操心。

• 陳教授

　是的，假如學力測驗及評量也能做相同的改變，家長就更加不會操心了。

六、結語

• 潘教授

　感謝國立台灣師範大學物理系陳文典教授今天在我們的節目中就自然與生活科技領域的能力指標作討論，前後說明了自然與生活科技領域為何形成一個學習領域；自然與生活科技領域能力指標的研訂理念與重點；能力指標應用的要領；以及能力指標轉化的要訣，希望這些說明能激盪教學現場的老師們，產生更多的理解與創發。

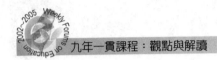

九年一貫課程健康與體育領域能力指標探討

主持人：潘慧玲（國立台灣師範大學教育學系教授兼教研中心主任）

與談人：晏涵文（國立台灣師範大學衛生教育系教授兼教育學院院長）

論壇日期：2004 年 10 月 24 日

✹討論題綱✹

【九年一貫課程健康與體育領域能力指標探討】

一、前言

◆ 健康與體育領域的設立來由

二、健康與體育領域能力指標的研擬

◆ 參考澳洲等國之經驗，制定七大主題軸
◆ 涵蓋五種安適狀態，構成完整的健康概念
◆ 依據七大主題軸，研擬能力指標
◆ 舉隅

三、健康與體育領域能力指標的應用

◆ 能力指標的階段設計
◆ 「補充說明」提供教師豐富的資訊選擇
◆ 熟讀、掌握課程綱要與能力指標，方能駕簡馭繁

四、健康與體育領域的實踐精神

◆ 跨領域、跨主題軸的課程設計與教學
◆ 從「技巧」到「行為」，重視實踐能力

五、結語

一、前言

•潘教授

一週教育論壇陸續介紹了不同學習領域的能力指標，今天我們要談健康與體育領域，請到台灣師範大學教育學院晏涵文院長。晏院長在九年一貫課程研訂工作中，擔任的是健康與體育研修小組召集人，所以這幾年也參與了好多課程修訂的相關工作，是不是先和大家談談您在這方面的經歷？

◆ 健康與體育領域的設立來由

•晏院長

其實民國八十六年剛剛公布九年一貫課程時，並沒有健康與體育領域，健康教育融入到自然與體育中。後來，我參與自然領域會議四個月之後，教育部在第二年重新公布各領域，便把健康與體育合在一起，獨立成為新的領域。當然，這是經過一段爭取的過程。我們認為健康教育不是自然科學，不是研究細胞組織與人體結構，而是研究人的行為，是一種行為科學，所以應該從自然領域中獨立出來。

•潘教授

傳統上健康與體育是兩個不同的學科，在撰寫課程綱要或實際教學時，也都採取分科撰寫或者分科教學，現在九年一貫課程把這兩個不同的科目合在一塊，是不是有什麼立論基礎？

•晏院長

最主要是因為看到美國多數的州，以及澳洲、紐西蘭，甚至日本，他們都把健康與體育合在一起，叫作「保健體育」，認為運動行為是健康行為的一種，雖然手段不同，但是目標相同。

- **潘教授**

  有其他國家也把這兩個不同科目合在一塊？

- **晏院長**

  對，不過他們的師資養成也是合在一塊。像美國的體育系，一定要修很多健康教育的課程，不像台灣的養成是分開進行的。

- **潘教授**

  那麼學健康教育的也修很多體育的相關課程？

- **晏院長**

  在美國有一些以訓練師資為主的學校，就是將健康和體育合在一起。

二、健康與體育領域能力指標的研擬

- **潘教授**

  接下來，我們要進入今天的核心問題。過去課程標準訂了很多教材綱要，現在九年一貫課程綱要則是以「能力指標」來代替教材綱要。不過，儘管如此，還是可以看到一些主題軸。首先，請教晏院長，您們在健康與體育學習領域的能力指標制訂上，抱持著什麼樣的理念與構想？

◆ 參考澳洲等國之經驗，制定七大主題軸

- **晏院長**

  我們首先蒐集國外相關經驗，主要參考了澳洲與紐西蘭的健康體育課程綱要，另外還有兩份美國的課程綱要，再加上過去台灣國小中體育課程和健康教育課程教材內容，重新排列組合成為現在的課程綱要。台灣健康與體育的七大主題軸和澳洲幾乎是一樣的，只是根據文

化差異而做了一些小變動而已。

◆ 涵蓋五種安適狀態，構成完整的健康概念

・潘教授

我看到健康與體育學習領域的課程綱要裡頭寫著，要從認識眞正完整的健康概念著手，所以您們設計了五個安適狀態來構成這個完整的健康概念，包含身體適能、情緒適能、社會適能、精神適能與文化適能。

・晏院長

是的，這是美國健康、教育、體育、休閒、舞蹈學會（American Alliance for Health Physical Education Recreation and Dance, AAHPERD）所給的定義，我們也引用這個定義，代表著一種"well-being"，一個人的安適狀態。當然，一般人都會以爲體育的唯一目的就是身體適能，其實這個想法是不正確的。現在愈來愈多人慢慢瞭解體育對於一個經常坐辦公桌的人的情緒適能是有很大的幫助，它對社會適能，也就是配偶、家人、朋友之間的人際關係也有幫助。我的小孩在小學時，什麼科目都沒有補習，唯一補的就是體育，他參加籃球班隊，那麼就會有一群打籃球的朋友，所以他不會孤僻。因此，這些適能都和體育有關，這和一般人狹隘地運動解讀不同。

・潘教授

您們還特別提到「精神適能」，比如個人生命的找尋，您們認爲可以透過健康與體育活動來達成這些其他類的「適能」嗎？

・晏院長

本來社會領域召集人一直希望把"spiritual"（精神）的部分放進社會領域，後來遇到阻力，因爲如果放在社會領域，就只能以宗教的方式來呈現。但是，在健康與體育領域，精神適能是指尋找個人生命

的意義，如果不知道生命從哪裡來、生命到哪裡去，其實很難形成對生命的關懷，理清愛與被愛的關係，所以，我們認為個人一定要設定人生的目標，才能夠擁有愛人與被愛的能力。很有錢的人捐錢給慈善機構，我不覺得很稀奇，但是如果他能夠穿著慈濟衣服來幫忙掃地或照顧病人、擦拭身體，那麼就是一件很令人尊敬的事。然而，如果他沒有對生命有真正的認識，即便他很有錢，也不一定會做這樣付出愛心的事情，因此，就健康與體育領域來說，那是一個人生目標，瞭解人生從哪裡來、到哪裡去。

• 潘教授

其實不管哪一個學習領域，總希望豎立人生的價值，並從中培養情意態度甚至是技能。不過，您也提到，事實上身體的活動可以使情緒適應更好，這真的是蠻重要的。現代人常常處於忙碌的壓力下，如果能夠透過運動，會發現它有解除壓力的效果。

• 晏院長

對，本來就是。

• 潘教授

所以大家應該多多利用空間做一些體能活動。

• 晏院長

中年人要有健康促進的計畫，尤其是工作場所主管如果能夠體會到運動對減少缺席率的幫助，那麼就會大力推廣運動以助益員工的工作。我們說"recreation"，就是「重新再創造」，對工作是有幫助的。

◆ 依據七大主題軸，研擬能力指標

• 潘教授

我們進一步來談，剛剛晏院長特別提到健康與體育領域有七個不同的主題軸，那麼能力指標是不是就根據著這七個主題軸來訂定？

• 晏院長

　　是的。主題軸一共有七個。第一個是「生長、發展」。從健康教育的角度來看，一般都說「生長發育」，很少用「發展」這個字，但是體育是一種「身體發展」，所以合在一起的時候，就以健康的「生長」與體育的「發展」合成第一個主題軸。

　　第二個主題軸是「人與食物」。就是傳統的食物營養，但是它的概念比較寬廣，因為食物的意涵較廣泛。例如，當我們到餐廳點菜時，常常不會考慮營養要素，而是考慮很多其他因素。就像我們和外國人吃飯，可能會考慮到什麼餐廳？要不要穿西裝、打領帶？身上有多少錢？情緒如何？這些都會影響我們的進食，所以不完全只受到營養因素的影響。

　　第三個主題軸是「運動技能」。這也是傳統體育所熟悉的，不管是田徑或者是水上的運動、舞蹈等等，都是傳統體育課的教學內容。

　　第四個是「運動參與」。運動參與是相當重要的，因為如果我們對於運動欣賞、運動參與或者運動計畫、國際運動以及文化之間的關係不瞭解，而只會技能部分，那麼就不能讓我們產生運動的心理。

　　第五個主題軸是「安全生活」。亦即包含傳統的安全教育、急救、藥物的使用、藥物的濫用以及運動傷害。

　　第六個主題軸是「健康心理」。包括幾項內涵：第一個內涵指的是自我接納、自我認識、自我實現；第二個內涵是家庭生活的人際關係，因為家庭是親密的人際關係，和體育的團隊表現有關；第三個內涵也是人際關係，強調的面向是 EQ，也就是傳統說的情緒智商，第四個內涵是健康教育重視的健全的人生觀，和體育強調的一個好的運動精神。

最後一個主題軸是「群體健康」。原來的意思是個人與群體間的互動，包含幾個內涵：第一個內涵是疾病預防與健康促進，都是健康教育的範疇；第二個內涵是健康教育範疇的消費者與健康的關係、消費者與運動的關係；第三個內涵是社區與環境教育。

總之，我剛剛提到的每一個主題軸，都有三到四個內涵，每一個內涵以一個概念來寫；另外，整體而言，健康與體育分別都有十個類別。

• 潘教授

我們看這七大主題軸，有的標題看起來明顯是屬於體育的，有的好像體育和健康兩者兼含。舉例來說，晏院長剛剛提到「生長、發展」的概念，就同時包含健康與體育，可是「運動技能」看起來好像就比較偏重體育。所以，當時您們研擬七大主題軸的時候，是不是也很掙扎於是否每一個主題軸都要反映健康與體育這兩個不同的概念？

• 晏院長

其實我們是仿照澳洲而設定這七個主題軸。

• 潘教授

主要是參照澳洲？

• 晏院長

因為過去台灣沒有做過能力指標的經驗，所以就參考澳洲的這七大主題軸。

◆ 舉隅

• 潘教授

以第一個主題軸「生長、發展」為例，您們設計了哪些能力指標來達到這個主題軸？

• 晏院長

　　第一個主題軸有三個內涵，第一個內涵包含健康教育與體育，不過第二個內涵個人衛生以及第三個內涵性教育，都與體育沒有直接關係。老師在解讀能力指標時，還要看附錄一所說的主題軸與內涵，才能夠知道如「1-1-1」中，第一個「1」是指第一個主題軸，第二個「1」是指一到三年級的學習階段，第三個「1」是編碼序，所以「1-1-1」反映的其實是第一個內涵。比如，健康與體育的第一個內涵「1-1-1」，就是知道並描述對於出生、成長或死亡概念的感覺。「1-1-3」則是認識身體發展的順序與個別差異，雖然也是反映第一個內涵，不過反映的是第一個內涵中體育的身體功能開發。其實，主題軸的能力指標是相互對應的，如「1-1-1」就對應到「1-2-1」、「1-3-1」，於是國小四到六年級的老師，就可以知道一到三年級教了什麼東西，往後七到九年級會教什麼。老師可以把這三個能力指標對在一起，然後看看它的動詞一不一樣，達到的行為目標一不一樣，再加上我們的補充說明，就可以很順利的掌握能力指標了。

• 潘教授

　　換句話說，當我們看這份課程綱要時，首先要瞭解主題軸有哪些，每一項主題軸包括哪些概念，再對應回來，每一個主題軸概念落到哪些能力指標，然後這些能力指標因應不同的學習階段，各有其不同的目標，這些都會在課程綱要能力指標裡明示出來。

三、健康與體育領域能力指標的應用

◆ 能力指標的階段設計

• 潘教授

　　不同的能力指標因應著不同的學習階段，剛剛晏院長提到使用的

動詞也會有所不同，而這也顯示我們希望隨著孩子年齡的不同，在認知、情意與技能上的學習可以愈來愈精進。因此，是不是請晏院長舉個例子說明您們在動詞的使用上，有什麼不一樣的設計想法？

• 晏院長

如「1-1-1」是「知道並描述對於出生、成長、老化及死亡概念的感覺」，對應在「1-2-1」，動詞就是「分析自己與他人的差異，從中學習關心自己並建立個人的價值感」，「分析」就比「描述」來得高難度一點了。到了國中「6-3-1」，同樣是教導學生自我肯定與自我悅納，用的動詞就是「體認」，「體認自我肯定與自我實現的重要性」。因此，我們希望老師看能力指標的時候，一定要看主題軸，從主題軸來熟悉它的內涵，了解每一項能力指標是屬於哪一個主題軸、哪一個內涵，然後再分析同一個內涵使用的動詞是不一樣的。

• 潘教授

還要特別注意孩子在不同的學習階段，要達到的目標是什麼。

◆ 「補充說明」提供教師豐富的資訊選擇

• 潘教授

我看到您們也做了一些補充說明，來補足原本能力指標可能過於抽象、一般人不易瞭解的缺憾。請您來談一談，這些補充說明如何幫助老師進一步瞭解能力指標，幫助他們編寫或者選擇教材？

• 晏院長

我們的能力指標做得非常仔細，我們不只參考國外的東西，也參考過去國內國小裡現有的體育與健康教育課程內容；同時，設計的時候雖然時間非常匆促，但是還是個別地作過一些學校調查，瞭解學生的實際情況與需要，所以我們放了蠻多的補充說明。

補充說明是給老師參考用的，如果學生沒有這個需要，老師可以

不必理會這些補充說明；或者，只要能夠達到同樣的能力指標，老師也可以自行增加。同時我們也訓練種子老師，看到能力指標與補充說明之後，能夠自己分析解讀教育內涵。所以，像剛剛提到「6-1-2」學習與家人和睦相處，我們教育內涵分析就是要和家人相親相愛，並且教導學生與家人相處的技巧。例如，如何用語言與非語言的方式來表達情感等等。換言之，老師在看了補充說明之後，要有能力將它轉化成教育內涵的分析，這也是我們一直在訓練老師的，因為他和學生最接近，所以他最瞭解學生的興趣、學生的需要、生長發育以及現在的社會健康議題。

• 潘教授

是的。以能力指標「6-1-2」的「學習如何與家人和睦相處」來說，究竟什麼是「與家人和睦相處」？教導孩子或讓孩子討論時，要從哪幾個點切入？針對老師的這些問題，您們提供了很多補充說明，例如「經常把愛掛在嘴邊」、「用體貼的言語或非言語方式來表達對家人的愛」等，都在提醒老師可以從這些方法切入這個概念，擴展了老師們的思考。

◆ 熟讀、掌握課程綱要與能力指標，方能駕簡馭繁

• 潘教授

進一步請晏院長為我們分析，七大主題軸加起來的能力指標這麼多，身為一個老師或者家長，其實本身都很忙碌，尤其老師平常的教學負擔已經非常繁重，看到這麼多的能力指標，可能直覺就「頭皮發麻」。我們要如何讓這麼多能力指標駕簡馭繁，以方便教師運用在教學生活裡呢？

• 晏院長

最怕的就是老師不願意瞭解，還是抱持著舊觀念，認為能力指標

是寫給編書者看的，然後他還是像以往一樣忠實按照課本來教。其實，我們談「學校本位」、「教師自主」，基本上老師必須先熟悉能力指標。能力指標看起來好像很多，其實國中部分只有三十六條，七個主題軸一共是一百零八條，這三個階段的能力指標其實不是很多。目前教育部已經著手修訂這些能力指標，我們覺得很遺憾的是，因爲老師不懂能力指標，所以是以內容撰寫的方式來敘寫的，因此原來只有三十六條，卻可能要寫成一百多條。就像以前的「個人衛生」就寫了「視力保健」、「口腔衛生」，而「視力保健」裡頭又寫了「眼的構造」。其實寫得越多、越僵化，就會退回之前的課程標準內容，而不是能力指標了。

我們常常說熟背香煙的成分，和會不會抽煙沒有關係；知道實際人口密度多高，和個人計畫生育沒有關係。所以，我們的目標在於達成一系列的行爲目標、行爲能力，而不是把它寫得很詳細就好了。以體育爲例，過去體育寫得非常清楚，不論是水上、田徑或者是舞蹈、國術，每一項都寫得非常仔細；但是，現在我們只要他養成運動習慣，其實他做哪種運動並不重要。編輯老師可以適當地將五種運動按照進度來編，如果學校裡面有游泳池，可以把水上運動作比較細的要求；如果學校有不錯的田徑場，還可以針對田徑作細部要求，因此它是因校而異的，如果大家還是抱著舊觀念，希望五項運動統統都要編，好像全部都教了，其實什麼都沒有教好。總之，新舊觀念間是有差距存在的。

至於老師應該如何解讀，首先要熟悉分段能力指標與補充說明。他會發現有些補充說明是學校學生不需要的，有些可能不完整，老師可以彈性增刪，然後根據最後結果，分配到三年六個學期之中。第二，要對照過去或者其他相關版本的教材內容架構，其實衛生署、環保署等單位，爲了預防癌症也編了很多補充資料，老師可以蒐集這些資

訊，再看看這些資訊分別對應於健康、體育十個類別的哪一個類別。第三，設計循序漸進、連續不斷、統整合一的跨主題軸、跨領域，甚至融入六大議題的縱向與橫向的對照表。所謂「縱向」，就是一到九年級三個階段，「橫向」就是七個主題軸的能力指標以及與主題軸的相互對照表。今天澳洲、紐西蘭也開始在能力指標之外，製作一個教材內容的對照表，一邊是能力指標，一邊是教材，教育部未來也可以朝這個方向走。第四，要考慮學生需要與社會重要議題，作為選擇教材的參考。剛剛我也提到，學生的生長發育特徵、興趣、需要、學習背景、社會重要議題、城鄉差距等等，都是教師選擇教材的參考。

四、健康與體育領域的實踐精神

◆ 跨領域、跨主題軸的課程設計與教學

・潘教授

您提到幾個可以依循的參考原則，例如熟悉領域能力指標、主題軸相關補充說明、對照相關教材等。您還提到當我們要以跨領域的觀點作統整思考時，涉及老師們彼此的相互合作，那麼學校課程發展是否必須要有一個機制，才能讓老師的合作較為順利？

・晏院長

是的。不過應該不是跨領域，而是跨主題軸。至於跨領域，其實中秋節時，健康與體育領域也可以跨藝術領域或綜合領域，因為健康教育多數的表達方式不是用藝術的方式演劇表達，就是以辯論、演講語言來表達，其實這些都是跨領域的。而所謂跨主題軸，以性教育為例，它就是第一個主題軸的第三項內涵，好像是「1-2-5」，如果我們以第二階段來看，這與第六個主題軸健康心理中的人際關係有關，是「6-2-1」。因此，我們在設計「男孩女孩向前走」這個單元時，就用

ded>```

到「6-2-1」、「1-2-5」的能力指標，我們依照這兩個能力指標以及行為理論的教學法，來設計這個單元教學目標。

◆ 從「技巧」到「行為」，重視實踐能力

• 潘教授

　　最後，您提到健康與體育學習領域非常著重行為能力的培養；換句話說，知識的學習是一環，但是學生可不可以從中激發行動與實踐的動機，又是教育的另一環。因此，您們也企圖在健康與體育領域裡，養成孩子的行為能力，讓他們具備行動的實踐能力。

• 晏院長

　　是的，您說的非常好。大家都知道體育有很多運動技巧，像健康也有急救包紮技巧，但是單有技巧還不會變成「行為」。因此，如何減少行為阻力、增加行為助力，而變成一個統整的東西，是需要再花一些精神來努力的。

五、結語

• 潘教授

　　謝謝晏院長到一週教育論壇，為我們深入分析健康與體育領域的教育理念與能力指標。聽完今天的健康與體育單元，希望大家都能夠活得更健康、更快樂，也希望能夠帶給教育現場的教師，瞭解運用、轉化健康與體育領域能力指標的方法。

九年一貫課程藝術與人文領域能力指標探討

主持人：潘慧玲（國立台灣師範大學教育學系教授兼教研中心主任）

與談人：呂燕卿 (國立新竹師範學院美勞教育系教授)

論壇日期：2004 年 8 月 29 日

✴討論題綱✴

【九年一貫課程藝術與人文領域能力指標探討】

一、前言

二、藝術與人文領域的教育理念

◆ 強調分析、批判、反省，以及感受的能力
◆ 發展「探索與表現、審美與理解、實踐與應用」的能力

三、藝術與人文領域能力指標的應用

◆ 從能力指標的階段性、延續性設計，發展教學內容
◆ 詳讀分段能力指標與十大基本能力之關係
◆ 釐清課程目標
◆ 掌握教材重點與藝術本質
◆ 回歸能力指標之實質內涵意義

四、教師轉化藝術與人文能力指標的方法與實例

◆ 將課程綱要、能力指標轉化為課程目標、教學目標、課程內涵
◆ 舉隅──「重覆」的藝術原則

五、結語

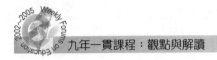
一、前言

・潘教授

一週教育論壇製作了一系列有關九年一貫課程能力指標轉化的主題，承接前幾集的節目，今天要談藝術與人文學習領域，請到的來賓是新竹師範學院美勞教育系呂燕卿教授。呂教授曾經參與九年一貫課程的研訂，也是藝術與人文領域的研修小組成員，所以特別邀請她來為我們解讀九年一貫課程綱要能力指標的解讀與轉化問題。

首先，請問您在參與研訂藝術與人文課程綱要時，所秉持的基本理念是什麼？

・呂教授

事實上，藝術與人文最重要的理念包括幾個層面：從哲學層面來講，我們希望台灣六歲到十五歲的孩子能夠建立自己的藝術價值觀，以及落實於生活層面的信念。從學校課程發展的趨勢上來說，則希望每個孩子都能關心他所處的社會文化、自然環境、資訊環境等等，希望他能尊重多元文化，具備價值觀判斷，這些都是這次課程改革的重要方向。此外，還有一個很重要的概念，就是希望孩子能夠真正學到永恆不變的藝術本質或精神層面的藝術價值觀，培養孩子終生學習藝術，並建立正面的藝術學習理念。

二、藝術與人文領域的教育理念

◆ 強調分析、批判、反省，以及感受的能力

・潘教授

過去，我們上美術課、音樂課或者其他相關藝術課程時，好像比較不重視鑑賞部份，但是這次課程綱要卻特別著重學生的了解、分

析、批判、反省能力，以及對於作品的感受，這與傳統的藝術與人文教育有所不同。

・呂教授

是的，這次的藝術與人文領域希望利用藝術學習來涵養孩子的人文素養，所以我們重視的是孩子必須解譯和認識藝術作品與其歷史文化的關係。再者，藝術與人文領域希望能夠省思台灣的藝術價值觀，讓大家了解藝術除了感性層面以外，還具有正向的價值，以彌補藝術教育在台灣一直不被重視的缺憾。另外，我們希望藝術能夠落實在生活上，讓藝術成為每個孩子與其家庭的未來社會生活伴侶。

◆ 發展「探索與表現、審美與理解、實踐與應用」的能力

・潘教授

藝術有陶冶心靈和調節情性的作用。我們看課程目標裡也特別提到「探索與表現、審美與理解、實踐與應用」；換句話說，這裡頭有認知的部份、情意的部份，也有技巧的部份。這三部分是不是學生從小學到國中階段，藝術與人文領域著重的能力發展重點呢？

・呂教授

事實上，藝術與人文真正需要的是表現，也就是讓孩子在表現的層面上，展現學習藝術。因此，結合課程之後，便重視如何探索藝術、表現藝術。第二，藝術與人文重視訓練孩子敏銳的官能，所以孩子需要有審美活動。除了「欣賞」以外還要「理解」，「理解」之後就會熱誠地「參與」，並正視每件藝術文物或展演。第三，孩子學習藝術之後，一定要與生活相關。因此，假如孩子能夠透過藝術活動，對周遭環境有所覺知，就可以擴展他的視野與身體力行的能力，將美感、美學實踐在生活上，並且建立正面的價值觀，這是最重要的課程目標，希望能夠透過九年慢慢讓學生實踐。

• 潘教授

藝術與人文的課程目標也扣在能力指標上面；換句話說，您們規劃能力指標時，就是呼應剛剛所講的三大面向——探索與表現、審美與理解、實踐與應用？

• 呂教授

是的，這次藝術與人文課程改革真正的重點和長久的目標，是希望能夠結合十大基本能力。再者，藝術與人文領域有三個最重要的主軸，也就是剛才說的「探索與表現、審美與理解、實踐與應用」，除此之外，它的每一個能力指標也都是與課程目標環環相扣。所謂「能力指標」，是指學了一個段落後，孩子應該學會的能力，所以一、二年級是第一階段能力的段落檢驗，三、四年級是第二階段，五、六年級是第三階段，國中是第四階段。每一個階段都是希望透過兩年系統化、邏輯化的課程設計，讓學生學到這些基本能力，之後能夠擴充至學生自身或者生活環境上，甚至養成終生學習，這是當時的願景。

• 潘教授

我們來看九年一貫課程綱要，大家會發現這次的課程綱要內容與研訂理念與過去有所不同。以能力指標而言，裡面很清楚地說明我們希望孩子獲得的能力，然而對於要以什麼教材內容來獲得這樣的能力，它並沒有硬性規定，教科書的編審者或者學校都保留選擇的彈性。

三、藝術與人文領域能力指標的應用

• 潘教授

進一步要請教呂教授的是，剛剛提到有四個階段：小學一二年級、小學三四年級、小學五六年級以及國中一到三年級，四個階段各有不同的能力指標，老師要如何使用這些能力指標呢？

◆ 從能力指標的階段性、延續性設計，發展教學內容

・呂教授

　　藝術與人文領域的教育目的，就是要培養、開發孩子的藝術潛能、陶冶他的生活情趣，這是永遠不變的藝術教育目的。而這次的課程改革是目標導向的，也就是設定每兩年的學習目標，藝術與人文第一項課程目標，就是讓孩子學會探索和表現藝術的能力。每一個階段都有一個指標，並編有號碼，老師可以從號碼的延續性，知道這項能力是如何深化的。

　　例如，「探索與表現」的第一個目標、第一個指標，是希望孩子能夠學會藝術創作的要素，那麼老師就要思考每一個指標下的教學內容。因為藝術的類別很多，所以面對同一個題材，不同的藝術家會有不同的詮釋，音樂有音樂的創作要素、表演有表演的創作要素、視覺藝術有點線面的創作要素。第二個指標重點，就是希望學生能夠自我表現，讓每個孩子有自己的想法、自己感受，開發他的獨特性。第三個重點就是如何讓孩子學會記錄，記錄他的藝術學習與探索。第四個重點，是訓練學生使用工具。最後，則希望他們能夠關心與自身以外的各種群體藝術的互動，並養成藝術計畫的能力。

　　至於「審美與理解」的部份，則必需學會其中的幾個指標：首先，事物樣態的美的特徵；第二，美感要素的体驗，其中包含細膩感動的因素，這是學生審美時必須具備的理解要素，就像色彩美在哪裡、圖樣美在哪裡、聲音美在哪裡、旋律美在哪裡、動作表情和姿勢美在哪裡。最後，審美一定要讓學生學會賞析，之後就會學會尊重萬事萬物，而且賞析能力可以敏銳每個孩子的視覺、聽覺和動覺，慢慢地還學會了藝術的價值判斷，最後才能夠實踐在生活裡。

◆ 詳讀分段能力指標與十大基本能力之關係

• 潘教授

　　當老師拿到這些能力指標之後，要如何運用才能幫助他們編選教科書或者設計課程呢？

• 呂教授

　　我建議第一現場的老師，首先要仔細看看教育部公佈的藝術與人文領域課程綱要，然後閱讀分段能力指標與十大基本能力的關係表，在關係表的左邊，是十大基本能力，找到你要的能力指標，把它轉換成教材，這樣就很容易既符合藝術能力主軸，又能夠達到十大基本能力。至於每一條指標裡面，都有重要的關鍵藝術本質，這些本質很容易可以轉換成教材，而每一個教材也都必需回歸到課程目標內。比如，有些屬於「探索與表現」的目標，一樣是要達成「了解自我、發展潛能」，可是其中有幾項可能也可以從「審美與理解」來達成讓學生「了解自我、發展潛能」的目標。總之，老師一定要確實仔細看看教育部公佈的課程綱要內容。

◆ 釐清課程目標

• 呂教授

　　第二，要釐清究竟是「探索與表現」、「審美與理解」還是「實踐與應用」的課程目標。

◆ 掌握教材重點與藝術本質

• 呂教授

　　第三，要掌握教材的重點。在藝術本質上，視覺藝術、音樂表演藝術或其他藝術都有一個共通性，也就是藝術真正的本質，首先它必定和歷史文化有關，因為這是人文藝術很重要的特質；第二，任何藝術都要培養孩子感性的價值觀或反思的價值觀；第三，它一定與其他

學科有關係，所以落實在生活裡面的藝術才有意義。這些就是三者的共通性，當然在基本技巧上會有不太一樣的地方，比如視覺藝術著重特定的教材教法與過程，如造型要素、如何組成基本構圖等等；而音樂也有它的教材教法重點，像是音感、認譜或者歌唱甚至演奏；表演則非常重視肢體與聲音的表達，還有各種的藝術展演與欣賞。

◆ 回歸能力指標之實質內涵意義

• 呂教授

　　最後，老師必須檢視能力指標上的實質內涵。其實第二階段的能力指標只有十三條、第三階段一共有十四條；換句話說，從國小三、四年級到五、六年級的能力指標總共是二十七條，國中則是十一條，其實能力指標並不多。但是，這些不到四十條的能力指標，卻是非常的重要，提供了學生和老師一個藝術教學與學習的方向。

• 潘教授

　　簡言之，老師轉換能力指標時，首先要仔細看看能力指標的三個主軸；接下來要知道能力指標的內涵；最後，則回歸藝術與人文領域中，瞭解不同的藝術類別，著重的重點不一樣，選擇教材、教法時，也會有所不同。

四、教師轉化藝術與人文能力指標的方法與實例

◆ 將課程綱要、能力指標轉化為課程目標、教學目標、課程
　　內涵

• 潘教授

　　請呂教授進一步說明究竟老師要如何轉換這些能力指標？

· 呂教授

要轉換能力指標，老師必須回歸到教育部公佈的課程綱要上頭，綱要第五項「實施要點」，裡面敘述了課程設計的重點、教材編選重點，以及如何設計教學、如何進行教學與教學評量。有了這些之後，再來思考這一條指標是屬於「探索與表現」還是「審美與理解」？要用哪一條指標來實踐這個能力？確定了以後，再把指標轉換成課程目標，由課程目標再來與課程內涵搭配，就可以達到教學目標與能力指標了。換句話說，能力指標是規範中年級、高年級或國中三年要達成的項目，也是每一次課程教學的目標，所以能力指標必須轉換為教學目標。然而，很多老師卻把能力指標直接當成教學目標，這是不太恰當的，也是我們需要注意、反省的地方。

◆ 舉隅——「重覆」的藝術原則

· 潘教授

以第二階段三、四年級為例，裡頭有一個「探索與表現」的能力指標是這麼說的：「要探索所有媒體、技法與形式，了解不同創作要素的效果與差異以方便進行各種藝術創作」，老師要如何轉化這項能力指標為教學目標？並且要如何設計這個教學目標的課程活動？

· 呂教授

這個指標最重要的重點是創作要素的探索，因此老師可以針對不同年級的學生，設計不同的探索與創作的重點；換言之，是以學生為主體來思考階段性的教學目標。再來，老師可以應用各種不同的藝術創作，豐富孩子的想像力和趣味性，讓孩子透過官能來探索藝術的創作形式，學習如何表現他的藝術想像力，激發他的趣味藝術表現。

比如，針對「重覆」這個主題，我們可以讓孩子探索藝術家利用「重覆」做出來的藝術品；音樂也有很多重覆的主調或旋律；表演也

有很多它要重覆展現的。讓孩子透過各種不同的藝術樣貌與形式，來學習藝術表現很重要的元素和原理：「重覆」。孩子只要學會「重覆」以後，他的作品就會有音樂性或律動性。比如，畫一個簡單的帆船造型，如果重覆這些造型，也許稍微改變造型或顏色，就可以帶來韻律和音樂性的感受。

- 潘教授

「重覆」，一般人會覺得單調，它的學習重點是什麼？

- 呂教授

「重覆」是美的原則之一，可以從「疏密」的方式來重覆，也可以從方向來重覆，或者重疊重覆、深淺重覆、放大縮小重覆、扭曲重覆、對稱平衡重覆、深度重覆，它是一種美學手法。我們可以讓孩子從發現與探索的過程中，學到這個藝術原理，他就會知道原來京戲主角的出現，有一些重覆的重點，例如出現的頻率、衣服的樣式。所以，「重覆」呼應了「探索與表現」指標，而老師可以透過藝術手法讓學生學習。很多人把藝術與人文當成各科節慶的插曲，比如母親節就做母親卡；事實上，藝術與人文的教育目的是要體會母親節的來源，透過母親節，反思母親與我的關係，甚至是建立一個對人對事的正向價值觀。至於表達方式有很多種，不要把藝術與人文的所有時間，都花在附庸於不是真正藝術本質的活動上。總之，藝術基本上是人文的，只有「人」才會擁有「藝術」這種重要的理念，所以我們要好好培養孩子的藝術觀念。

- 潘教授

藝術與人文很重要的理念是它涵蘊了人文意義在裡頭，這與過去的教育理念有所不同，以前僅是強調藝術課程的教授而已。

五、結語

·潘教授

　　感謝新竹師範學院美勞教育學系呂燕卿教授今天來到節目中和大家談論九年一貫課程藝術與人文領域能力指標的解讀與轉化。此領域課程的研訂理念強調培養學生分析、批判、反省與感受能力，並希望發展學生探索與表現、審美與理解、實踐與應用能力。聽完了這麼多，希望對老師有所幫助，也誠摯希望藝術與人文領域的學習能夠發揮意義的啟發、情意的陶冶、人生的美化等功能，並能落實其精神，體現於生活之中。

九年一貫課程綜合活動領域能力指標探討

主持人：潘慧玲（國立台灣師範大學教育學系教授兼教研中心主任）

與談人：黃譯瑩（國立政治大學師資培育中心教授）

論壇日期：2004 年 10 月 3 日

❋討論題綱❋

【九年一貫課程綜合活動領域能力指標探討】

一、前言

二、綜合活動領域的教育目的

◆ 提供省思、體驗與實踐的場域
◆ 綜合輔導活動、童軍活動、家政活動與團體活動
◆ 彌補知識性領域缺乏批判實踐的缺憾
◆ 「綜合」乃心智行為的同時運作
◆ 批判、反省知識論述的正當性

三、綜合活動能力指標與教科書選擇原則

◆ 綜合活動領域的精神重於能力指標表象
◆ 選擇教科書之五大原則

四、綜合活動領域能力指標的解讀與轉化

五、結語

一、前言

・潘教授

今天所要探討的是九年一貫課程綜合活動領域能力指標的解讀與轉化議題,這是此一系列節目的最後一集,希望到此我們可以畫上一個美好的句點。請到的來賓是政治大學師資培育中心黃譯瑩教授。黃教授是九年一貫課程綱要綜合活動學習領域研究小組的成員,這幾年也參與不少課程的研訂,也有審查教科書的經驗,請您先和大家談一談自己參與課程研訂的相關經驗。

・黃教授

教育部規劃九年一貫課程領域時,我就是黃炳煌老師領導的社會領域研究小組成員,後來接下了綜合活動領域研修工作,參與了北中南一連串的公聽會,並應邀至中小學演講。另外,現在教科書開放了,由各個出版商編輯教科書,而國立編譯館則轉型為以審查教科書為主,於是我大概在三年前到國編館擔任第一階段、第三階段以及第四階段的審查委員以及審查主委。

二、綜合活動領域的教育目的

・潘教授

在面對綜合活動領域時,我想大家會很疑惑,究竟「綜合活動」是什麼?它的目的為何?如果我們對照一下日本的課程,會發現他們把很多活動性課程放在「綜合學習」課程中學習,不像我們,是將原本的家政、童軍、輔導放到綜合活動中,您認為呢?

◆ 提供省思、體驗與實踐的場域

• 黃教授

　　我要澄清一點，台灣研究小組發展綜合活動領域時，並沒有借鏡日本的經驗。當然，我們知道日本有個叫做「綜合學習」的課程，但是我們並不覺得台灣欠缺那一塊。簡單來說，綜合活動的精神是希望學生能夠更深刻省思、體驗與實踐我們習以為常的東西。我們在六大領域裡頭學了很多知能，都可以在這個領域裡頭加以思考、體驗與實踐。而在現有科目當中，家政與童軍的實作性比較強，富有實踐的精神，輔導則重視體認、體驗與理解，這些都與綜合活動的精神不謀而合，所以我們在綜合活動領域的綱要上，才指出基於新舊課程比較，舊課程的童軍、家政、輔導的精神可以和綜合活動呼應。但是，綜合活動絕對不是家政、童軍與輔導的大融合或大拼湊，而是因應新舊課程而產生的學習領域。

◆ 綜合輔導活動、童軍活動、家政活動與團體活動

• 潘教授

　　換言之，您們把原來較具活動操作性質的課程都放到綜合活動領域裡，於是就包括了輔導活動、童軍活動、家政活動，以及團體活動。其他還包括符合綜合活動理念之跨越學習領域、需要聯絡合作之教學活動，或單一學習領域之人力及資源難以支援、需要透過學校運用校內外資源者。

• 黃教授

　　也可以說我們是先產生綜合活動領域的精神宗旨，再對照舊課程，發現舊課程裡面有若干學科的精神與實踐方式和綜合活動領域很像，所以將這些課程涵蓋進來，而不是將這幾個學科簡單地拼湊而已。

‧潘教授

事實上，每個領域的學習都有它「活動性」的一面。譬如，數學也可以在綜合活動裡頭安排一些活動性質的學習，社會領域也可以如此設計。不過，目前國內是把幾個比較相類似的、能夠落實綜合活動精神的這些舊科目，統整到綜合活動學習領域，這是比較特殊的地方。

◆ 彌補知識性領域缺乏批判實踐的缺憾

‧黃教授

仔細來說，我們可以發現學校教育的目的，是希望協助學生系統地認識萬事萬物，因此六大領域的設計都是符應這樣的教育目的，經由這種系統化的教材安排、教師講授、紙筆測驗，讓學生熟知專家精煉出來的知識。然而，我們也會發現這樣的教育內容與形式無形中貶抑了學習者對萬事萬物初始的探究權、詮釋權與表達權，因為這些早就被別人探究過、解釋過、詮釋過了，我們只是把這些已經系統化的知識消化而已。因此，綜合活動的設立就是要彌補學校教育的這個弊病，我們希望學子可以對這個習以為常的、老師說的、書上講的事物有更深刻的認識。所以，綜合活動的基本任務就是要提供機會讓學生親身體驗、反思並加以實踐這些習以為常的事物，透過實踐、體驗、省思的歷程，讓學生找出事物對自己的意義，然後從過程中更認識自己，發展對自己有意義的知識。

‧潘教授

因此，綜合活動可以提供不同的學習形式，彌補六大學習領域偏向靜態學習的缺憾，而活動性質的學習方式，也會讓孩子學得很快樂，而且不會因此缺少心智思考層次。

◆ 「綜合」乃心智行為的同時運作

• 黃教授

綜合活動的主要精神就在於心智思考。真實體驗與看課本圖片、聽老師講解、虛擬想像等等是不一樣的，真正實踐時，會有真實的感受、真實的意義，這些就是綜合活動最主要的存在價值。總而言之，綜合活動的「綜合」一詞，並不是把六個領域的東西兜在一起，所謂「綜合」是指心智與行為的同時運作，也就是省思、實踐與體驗的同時發生。

• 潘教授

就這一點來講，我一直覺得孩子們做了很多知識性為主的學習，因此綜合活動的活動性學習是蠻好的設計。可是，活動性質的學習並不代表它不必運用心智，而知識性為主的學習也不代表就沒有實踐、體驗與省思，我認為它應該是代表另一種形式的學習。

• 黃教授

當然六大領域都會談認知、情意與技能，不過這麼多年下來，在教學時間的壓縮下，到底有多少科目可以從事知識性以外的學習，這就不言可喻了。譬如，我們從社會科裡頭學到服務精神，也談了公民教育裡頭的公德議題，但是真正去「服務」是什麼感受？體驗服務過程對我又有什麼意義？這些都不是學校教育可以越俎代庖的，也非學校教育可為之事。因此，我們特別期許綜合活動領域可以空出這百分之十的時間，提供六大領域學過的任何素材實際實踐的機會，讓學生來進行體驗、省思與實踐。所以，綜合活動領域的素材不是只侷限於五十一條能力指標，事實上，我們希望六大領域學過的種種知能，都有機會可以在這個領域裡頭設計相關活動。

‧潘教授

是的，讓六大學習領域在綜合活動裡頭來進行進一步的體驗是很重要的。

◆ 批判、反省知識論述的正當性

‧黃教授

其實六大領域都是比較系統化的知識，都是已經被社會正當化過的知識，很少有人會去質疑它的正當性。就像在社會領域中，我們很少談「孝順」這個公德是不是合適，很少讓學生省思孝順是否是唯一的可能、可不可以不孝順，或者孝順的因事制宜性。但是，綜合活動領域卻要把這些所謂「習以為常」的定義與價值觀再拿來反思批判。更重要的是，綜合活動領域老師會不斷提供機會，讓學生表達他的看法、這些知識對他的意義，我認為其他領域在升學壓力下少有機會這麼作。其實，對我們這些成人而言，我們也少有機會反思自己對於事務的真正感受，或者少有機會實際經歷某些事情，因此，我們希望不論是學生或者老師，都可以在綜合活動領域裡頭一起體驗學習與成長的感受。

‧潘教授

綜合活動有一個很大的功能，就是讓六大學習領域無法安排在學習時間裡的實踐活動，設計到綜合活動中，讓學生深化學習，讓學生體驗，並進一步思考知識對他們的意義。

三、綜合活動能力指標與教科書選擇原則

‧潘教授

接下來，我們要討論能力指標的議題。綜合活動能力指標包含四

個重點：認識自我、經營生活、社會參與以及保護自我與環境，當時您們是如何訂出這些不同的能力指標？思考脈絡爲何？

◆ 綜合活動領域的精神重於能力指標表象

・黃教授

在七大領域裡頭，綜合活動的能力指標是最少的，其他領域大約有一百多條以上，但是綜合活動只有五十一條，這是因爲綜合活動領域重視的不只是能力指標，而是領域的整體精神與宗旨。換句話說，各個領域訂定能力指標時，都是圍繞著領域理念來研訂的，對於綜合活動而言更是如此。因此，掌握綜合活動領域宗旨和目標，將遠比熟悉能力指標來得重要。

・潘教授

那麼老師要如何運用綜合活動能力指標來選擇教科書呢？

◆ 選擇教科書之五大原則

・黃教授

如果老師瞭解綜合活動存在的價值，我想他就會知道這些能力指標只是一部份重點，其他六大領域教過的素材，我們都可以拿到這裡來再認識，透過親身實踐、體驗，然後加以省思。因此，能力指標不是教科書選擇的唯一規準，如何能夠協助學生深刻體驗、深入省思、深度實踐才是我們選擇教科書的重要依據。

我在國立編譯館擔任過綜合活動第一階段、第三階段、第四階段的審查主委，我們發展出一些審查的原則：首先，我們會看看這本教科書的活動是不是能夠讓學生親自參與實踐？過程中有沒有提供機會讓學生表達感受？有沒有設計一些議題引導學生反省、批判自己的感受與體驗？

第二，綜合活動領域的宗旨是讓這些理所當然的事物有再次省思的機會，因此我們會注意教科書有沒有暗示或明示某些應然觀點。譬如，當教科書標題寫著「哇！社區真美好」，之後開始敘述社區孕育了一切，我們要好好感謝它、愛護它。但是，對我們而言社區究竟是什麼？如果課本已經把社區的意義固定了，那我們還要體驗什麼、實踐什麼或省思什麼？因此，這類灌輸式的訊息不應該出現在綜合活動的教科書上。如果我們仍舊抱持舊有的傳統看法，認為教科書的目的在於發展「正確」的人格，那麼我想這個領域的價值就會喪失了，它就失去其批判反省的精神了，因此我們必須避免這些應然的、暗示的、單一的價值觀。

第三，我們還會看整個學期的學習份量適不適切。我認為「從容學習」是這個領域很重要的要素。如果我們體驗某個社區的生活時，待不到五分鐘，老師就宣佈回學校，這樣是無法讓我們從容體會這些習以為常的事物的。

- **潘教授**

在實際的教學環境裡頭，綜合活動真的能夠這樣從容地實施嗎？

- **黃教授**

這得看老師是如何設計教學了。不可諱言地，在審查的過程中，我們看到老師及設計者的野心都蠻大的，而且也蠻負責的，想要讓學生體驗好多事。但是，綜合領域並不主張要涵蓋萬事萬物，應該精選幾個可以從容實施，並且有體驗價值的主題，讓孩子親身來經驗學習。事實上，綜合活動就是希望透過九年的時間，讓學生從容學習，從容地再認識他熟悉的一切。我們希望這變成一種習慣，重質不重量，養成學生省思、實踐、體驗的習慣與態度。

第四個原則，就是在九年的教科書裡頭落實這五十一條能力指

標。教科書出版商設計教科書時，還是會以能力指標作為素材選擇的來源，但是我們還是鼓勵老師和出版商可以自行補充能力指標，因為綜合活動領域不是只有這五十一條能力指標就足夠了，事實上它的範圍相當廣泛。我們只設定五十一條能力指標的用意在於，希望留下一些空間讓學校自行選擇適合孩子學習的事物，因為有許多事情都值得被體驗、實踐與再省思，不應被能力指標所侷限。

第五個原則，就是我們會看看教科書會不會限制學生表達自己感受與意義的方式。譬如，「老師叫我寫下……」、「老師叫我畫出……」，除了這些之外，其實還有很多表達方式，而綜合活動的老師與教科書也都要尊重每個孩子的多元表達方式。當然，對於圖文訊息或者是活動是不是能夠符合學生的身心發展？裡面有沒有城鄉差距問題？是不是潛藏著性別刻板印象？這些都是所有領域教科書設計者需要注意的，而不是只有綜合活動領域需要注意而已。

• 潘教授

您提的這些審查教科書規準，事實上也反映了您們希望孩子可以學到的能力是哪些。

四、綜合活動領域能力指標的解讀與轉化

• 潘教授

接下來，有一個比較實際的問題，也就是老師要如何解讀與轉化這五十一條能力指標？

• 黃教授

這個領域的能力指標和其他領域能力指標很像。以「1-1-1」為例，是「認識自己與自己相關人事物」，它會有一個動詞，後面跟著

一個對象。解讀時，我們必須先思考到底「自己與自己相關人事物」這個對象的範疇在哪裡？我們對這個範疇的瞭解，就會影響教材選擇的來源。再來，所謂「認識」的意涵是什麼？要怎麼設計才能夠加強認識？選擇素材之後，再來思考活動安排的問題。

五、結語

‧潘教授

　　從政大師資培育中心黃譯瑩教授的言談中，可以深刻體驗到黃教授對綜合活動領域的期望。綜合活動相當重視實踐、體驗、再省思、以及意義的找尋，這些是綜合活動學習領域的重要標的，也是我們日常生活裡可以努力的目標。希望藉由今天的探討，能夠讓大家更了解到綜合活動領域的精神與課程設計方式，以便為孩子們開啟更富意義的學習生活。

國家圖書館出版品預行編目資料

九年一貫課程：觀點與解讀＝Grade1-9 curriculum: perspectives
and interpretations／潘慧玲主編. —初版.—臺北市：心理,
2005（民 94）
面；　公分.--（一週教育論壇系列叢書；1）

ISBN 957-702-825-X（平裝）

1. 九年一貫課程

523.4　　　　　　　　　　　　　　　　　94016504

一週教育論壇系列叢書之一　**九年一貫課程：觀點與解讀**

主　　編：潘慧玲
總 編 輯：林敬堯
出 版 者：心理出版社股份有限公司
社　　址：台北市和平東路一段 180 號 7 樓
總　　機：(02) 23671490　　傳　　真：(02) 23671457
郵　　撥：19293172　心理出版社股份有限公司
電子信箱：psychoco@ms15.hinet.net
網　　址：www.psy.com.tw
駐美代表：Lisa Wu　　tel: 973 546-5845　　fax: 973 546-7651
登 記 證：局版北市業字第 1372 號
印 刷 者：博創印藝文化事業有限公司
初版一刷：2005 年 9 月

讀者意見回函卡

填寫日期： 年 月 日

No. _____

感謝您購買本公司出版品。為提升我們的服務品質，請惠填以下資料寄回本社【或傳真(02)2367-1457】提供我們出書、修訂及辦活動之參考。您將不定期收到本公司最新出版及活動訊息。謝謝您！

姓名：_____ 性別：1□男 2□女

職業：1□教師 2□學生 3□上班族 4□家庭主婦 5□自由業 6□其他____

學歷：1□博士 2□碩士 3□大學 4□專科 5□高中 6□國中 7□國中以下

服務單位：_____ 部門：_____ 職稱：_____

服務地址：_____ 電話：_____ 傳真：_____

住家地址：_____ 電話：_____ 傳真：_____

電子郵件地址：_____

書名：_____

一、您認為本書的優點：（可複選）

❶□內容 ❷□文筆 ❸□校對 ❹□編排 ❺□封面 ❻□其他____

二、您認為本書需再加強的地方：（可複選）

❶□內容 ❷□文筆 ❸□校對 ❹□編排 ❺□封面 ❻□其他____

三、您購買本書的消息來源：（請單選）

❶□本公司 ❷□逛書局⇨_____書局 ❸□老師或親友介紹

❹□書展⇨____書展 ❺□心理心雜誌 ❻□書評 ❼其他_____

四、您希望我們舉辦何種活動：（可複選）

❶□作者演講 ❷□研習會 ❸□研討會 ❹□書展 ❺□其他____

五、您購買本書的原因：（可複選）

❶□對主題感興趣 ❷□上課教材⇨課程名稱_____

❸□舉辦活動 ❹□其他_____ （請翻頁繼續）

心理出版社 股份有限公司

台北市 106 和平東路一段 180 號 7 樓

TEL: (02) 2367-1490
FAX: (02) 2367-1457
EMAIL:psychoco@ms15.hinet.net

沿線對折訂好後寄回

六、您希望我們多出版何種類型的書籍

　❶□心理　❷□輔導　❸□教育　❹□社工　❺□測驗　❻□其他

七、如果您是老師，是否有撰寫教科書的計劃：□有□無

　書名／課程：＿＿＿＿＿＿＿＿＿＿＿＿＿＿＿＿＿＿＿＿＿＿＿＿

八、您教授／修習的課程：

上學期：＿＿＿＿＿＿＿＿＿＿＿＿＿＿＿＿＿＿＿＿＿＿＿＿＿

下學期：＿＿＿＿＿＿＿＿＿＿＿＿＿＿＿＿＿＿＿＿＿＿＿＿＿

進修班：＿＿＿＿＿＿＿＿＿＿＿＿＿＿＿＿＿＿＿＿＿＿＿＿＿

暑　假：＿＿＿＿＿＿＿＿＿＿＿＿＿＿＿＿＿＿＿＿＿＿＿＿＿

寒　假：＿＿＿＿＿＿＿＿＿＿＿＿＿＿＿＿＿＿＿＿＿＿＿＿＿

學分班：＿＿＿＿＿＿＿＿＿＿＿＿＿＿＿＿＿＿＿＿＿＿＿＿＿

九、您的其他意見

＿＿＿＿＿＿＿＿＿＿＿＿＿＿＿＿＿＿＿＿＿＿＿＿＿＿＿＿＿＿

謝謝您的指教！　　　　　　　　　　　　　41851